U0069400

救世主王慈愛／親著

金之間，再回世界末日

目錄

救世主王慈愛　親序

向地球人說明大局

來自「新宇宙神權救世主王慈愛」的重要訊息
（2022 年 7 月 25 日）

向地球人說明大局：

一、神權已經渡過末劫，改朝換代 2018 年，已經全面
完成，而地球也在 2012 年，第四文明結束，在
2013 年進入第五文明，依據地球的歷史紀錄，每
一次文明的結束，地表均是無一生靈，地球神尊
的助戰，讓我們在 2013 年元月三日，順利完成彌
勒淨土的功德量，暫時保住了地球。

二、接下來是長達數年的神權改朝換代，新宇宙神權
歷經層層眾神尊的努力，總算完成艱鉅的任務。
人間的部分，地球神權選出新宇宙神權，第一任
輪值佛，因大日如來的禮讓，由我師父釋迦牟尼
佛，及我的弟子彌勒佛擔任，在 2021 年 9 月 28
日，我已經把管理地球的神權，交接給祂們。

三、有國家的領導人，有夢想，希望統治地球人。

我想說明，這個夢想的兌現，須由修行領域，神權的認證，才有機會達成。槍桿子，武器的使用，是無法兌現統治地球的。

四、神權打天下給地球人坐，地球人，您可坐穩了，黃金千年，我已經在新宇宙神權買好單，若地球人，恣意使用法術，造大業耗盡黃金千年的功德量，可沒有輪值佛，能再幫地球人，在神權的領域，再次完成運行的功德量，我和地球的神尊，懸殊已經非常大，神權給我的時日無多，我的肉身一結束旅程，地球人，就必須靠自己，若輪值佛帶不動地球人，神權會站在觀望，反正對神權而言，又沒差，只是慢幾年兌現太平盛世，己和地球母親溝通過，地球回答：不管幾億年，地球都願意等。

五、地球人的迷失，以為造業不用還。
　　真相是，要還的，舊宇宙神權，就是使用法術，業力連天，敗光治理權力的。使用法術掌控人，害人，會迅速耗盡個人的1.累世修為，2.福報，3.轉世空間，4.陽壽。逐一耗盡，就沒了，您的選擇，神權都尊重。

六、神靈使用法術，直到業力爆表，直接消失，祂所
遺留的財產，全部歸新宇宙神權的公庫，神權如
此，人間也如此，人死又帶不走錢財，權力。
惟一能帶走的是修行領域的成就。

七、神權，希望，地球各國的主權爭議，以 2013 年，
地球進入第五文明為依據，別再吵了，恩怨留給
歷史，都過去了。

八、神權，附予權力給各國的人民，人民有權，可以
選出自己的領導人。

九、各個宗教都同源，您們所信仰的神尊，大都已經
陸續轉世在人間，例如，耶穌基督，聖母瑪麗亞，
道教的關聖帝君，張天師，佛教的釋迦牟尼佛，
彌勒佛，達摩祖師等。

　　新宇宙神權，環環相扣，乃盡權力，盡責任
的保護著地球一切眾生，把人做好，真心善，您
所信仰的神，仍持續保佑着大家，希望地球人，
能和外星同步運行新宇宙。
PS.請地球人，千萬不要發動核戰，不要讓外星，
有接管地球的藉口。

十、地球的神尊，應戰來訪的光，神靈，已經相當的
不容易。

十一、我不希望地球被強佔，神權會捍衛到底，我希望，您轉世來地球，因為，惟有如此，您才會和我一樣，用生命守護地球，捍衛地球。

十二、看我們地球人，能否團結，一同創造奇蹟，在2012年12月31日，第四文明的結束日。在2013年元月三日，已進入第五文明，能持續順利運行，在神權渡過末劫之後，所帶來的大平安，持續享有這殊勝美好的日子，只要我們地球人，夠團結，互利共生，守護地球，人人有責。

十三、我是地球人，也是台灣人，帶領神權另起爐灶，改朝換代已經成功。
看我是要帶地球人，走到榮光。
還是，地球人，要讓我在神權，顏面無光？

十四、雖然是不同階層的神尊，但不管是舊宇宙神權，或是新宇宙神權，都一直盡責的守護地球，在2013年俄羅斯上空的殞石被先擊穿，仍至2016年，科學家早有預言的災難，及2020年，美國紐約上空，日本東京，中國青海等，神尊都默默的守護地球一切眾生。

這是我要對地球人，說明的。

編者按：

　　地球朋友們，您們好：

　　以上是「悠關地球未來」的重要信息。祝福您們
能夠對這些信息能夠理解。有因緣的話，也期許您們
能分享給更多的地球人。期許地球人儘早提升心靈，
真正度過末日危機，順利揚升至五維。

　　這是揚升關鍵期，需要地球善人大團結，請轉發
或分享給更多地球人知曉。目前相關網路鏈接如下：

1. Facebook：新地球人文工房（New Earth Humanistic
　 Workshop）
　　‧中文
　　　https://www.facebook.com/203495610425827/posts/120
　　　3755980399780/
　　‧英文
　　　https://www.facebook.com/203495610425827/post
　　　s/1205832850192093/

2. 日文：Ameba 論壇
　　https://ameblo.jp/shinowen26473/entry-12763835183
　　.html

★2020 年 12 月 20 日　救世主審定：
　地球已經揚升至五維了，早已過了揚升的關鍵期。

Instruction of the New Power of God

The Savior : Wang, Cih-Ai (Cih Ai means mercy and love) explains to the people of the Earth about the overall situation :

I. In 2018, the God of Power averted the disaster and changed the World. Our Earth's Fourth Civilization ended in 2012, and the Earth's Fifth Civilization started in 2013. According to Earth's historical records, every time when the earth ended a civilization, nothing lived. However, Nowadays, because of the mercy of the Gods, we completed the merits of Maitreya Pure Land, and protect the lives temporarily on January 3, 2013.

II. The New Universe Gods have made efforts to achieve the difficult task of changing the dynasty for several years. In the world of human, the Earth God of Power elected the New Universal God of Power. Because of Dari Rulaii's comity, the first rotating Buddha is Sakyamuni Buddha and Maitreya

Buddha. On September 28, 2021, I handed over the Power of God, which dominates the Earth, to my master, Sakyamuni Buddha, and Maitreya Buddha, my disciple.

III. One leader of a country has a dream and wants to control the earth. I would like to make it clear that the fulfillment of this dream is possible only through the recognition of the realm of practice and the God of Power. The barrel of a gun, the use of weapons, cannot fulfill the control of the earth.

IV. The God of Power has given the people of Earth a new world.

There'll be one thousand treasurable, golden years in the coming days. The people of Earth, will be able to treasure it. I have contributed for the God of Power in the new universe. If the people of Earth, use spells at will, do lots of negative acts, run out of merits, there will be no longer to have any rotating Buddha, who can help the people of the earth to complete the merits. The difference between the Gods of the earth and I is remarkable. The rest of my life is not long, given by the God of Power.

After I passed, the people of the earth have to rely on yourselves.

If the rotates Buddha can't lead you, the God of Power will wait and see. For the God of Power, it doesn't matter to fulfill the dream of peaceful and harmonious reign a few years later.

I have communicated with the Mother of Earth. The Earth replied： No matter how many years, SHE will still wait.

V. People are not responsible of what we did. The truth is that people have to pay back what they did. The old Universe God of Power used spells, and defeated governance.

By using the spells, you will lose your 1, merits of many generations 2, blessings, 3, reincarnation space, 4, longevity. Step by step, you'll lose everything. That's your choice. The Power of God respects you.

VI. If the Gods use magic spells, thay will have so much karma that they will disappear. All their property left behind belongs to the public treasury of the new Universal God of Power. After people die, they can't take any money or power with them. So are the same for the Gods in this earth. The only thing that can be taken away is accomplishments in the field of practice.

VII. The God of Power hopes to stop the main controversy of the earth's countries. Based on the fact that the earth entered the Fifth Civilization in 2013, let's stop arguing and leave the resentment to history.

VIII.The God of Power empowers the people of all nations, who have the right to elect their own leaders.

IX. All the religions are congate with each other. Most of the Gods that you believe in have been reincarnated in this world, such as Jesus Christ, Virgin Mary, Taoist Kuan Yu, Taoist Zhang Tian-shi, Buddhist Sakyamuni Buddha, Maitreya Buddha, Dharma Patriarch, etc.

The new Universe Gods of Power try their best to do everything, take the duty to protect all the creatures of the earth.

Be a good person and do truly good acts. I believe your admirable Gods will keep protecting you. I

hope the people of Earth will be able to move in tandem with the aliens.

　　PS. Earthlings, do not start nuclear war. Don't let the aliens have an excuse to take over the Earth.

X. It's quite difficult for the Earth's gods to fight with the light, the attacking gods.

XI. I don't want the earth to be occupied. The God of Power will defend it thoroughly. I hope you will be reincarnated to the earth. Because only this way, then will you, like me, protect the earth with life.

XII. Hope we Earthlings can unite and create miracles together. December 31, 2012 is the end of the Fourth Civilization. On January 3, 2013 we have entered the Fifth Civilization. Hope the earth can keep moving safely and smoothly. It is our responsibility to keep the world together and protect the Earth.

XIII. I am both a native of Taiwan and a native of Earth. I led Gods to a new beginning. The changing of dynasties has been successful.

Earthlings, do you want to look at me to lead you in a glory or you will lose face in front of the God of the Power?

XIV. Not only the Old Universe Gods of Power but also the New Universe Gods of Power are dedicated to protecting the earth. For example, in 2013, the meteorite over Russia was destroyed, and in 2016, scientists predicted a disaster, and in 2020, New York, the USA; Tokyo, Japan; Qinghai, China and so on. Those Gods all protected the Earthlings in silence.

Those are what I want to tell you, the people of the Earth.

By the Savior : Wang, Cih-Ai
of New Earth Humanism Workshop

〈地球人へ大局について説明〉

「救世主たる新宇宙の神」からの重要メッセージ
（2022 年 7 月 25 日）

地球人へ大局について説明：

一、神の力は災厄を乗り越えて、2018 年に変革を迎
　　えて完全に手にすることができました。また、
　　2012 年に地球では第 4 文明が終わりを迎え、
　　2013 年に第 5 文明に突入しました。地球の歴史
　　では一つの文明が終わりを迎え、大地から魂が消
　　えると、地球の神が救いに現れたことで、私たち
　　は 2013 年 1 月に弥勒浄土の功徳の力で、地球に
　　ひと時の平和が訪れました。

二、その後、数年にわたる神の変革を経て、歴代の神々
　　の努力によって新宇宙の神の力を手にするとい
　　う困難な悲願を達成しました。人間界において
　　は、地球の神によって宇宙の神が選ばれ、最初の
　　輪廻転生は、大日如来の礼譲により、私の師であ
　　る釈迦如来と弟子である弥勒如来がその役を果

たし、2021 年 9 月 28 日、私たちは地球を統治する神の力を手にして、その力が人間たちに与えられました。

三、国のリーダーには地球人を導くという夢があります。

　　私が申しあげたいことは、これは夢の実現ということです。厳しい修行を経て神の力が得られてこそ、実現の機会が得られます。兵器や武器を使用しては、地球の統治は実現できません。

四、神の力は天から地球人へ与えられました。私たち地球人はこれで安堵できます。黄金の千年は新宇宙の神によって実現が約束されているのですから。もし地球人が恣意的に法術を使って、黄金の千年の功徳の力を使い果たしてしまうなら輪廻転生を果たした仏が降臨して地球人を救うことはないでしょう。神の力の領域において、功徳の力を再び集めることができれば、私は地球の神よりも大きな力を手に入れることができますが、神の力が私に与えられた時間は長くはなく、私の肉体は旅路を終え、地球人は己の力に頼ることが必要になります。輪廻転生が地球人の心を動かさないなら、神はただの傍観者になり、神の力に対しても特に差異はなく、何年もかけてゆっくり平和

と繁栄が実現されるに過ぎません。母なる地球と交信後、地球はこう答えました、「何億年だろうとも、待っています」と。

五、地球人は迷走し、業を以て、その力を正しく利用しませんでした。

　　その真相とは、かつての宇宙の神の力で法術を使用して業を繰り返し、支配する力の前に敗れ去ったということで。法術で人を支配して、人を傷つけ、個人の 1.累世修為、2.福報、3.転生空間、4.陽寿を瞬く間に使い、やがてはなくなってしまいました。神の力はあなたの選択を尊重します。

六、神霊は業の力が爆発して消失するまで法術を使い、残された財産は全て新宇宙の神が所有することとなります。神の力も人間界も同様です。人は死んだら財産も権力も捨て去ることになりますが、修行領域の成果だけはあの世へと運ばれます。

七、神の力と願いについて、地球各国でその主導権について争われましたが、2013 年、地球は第 5 文明をもとに再び議論されることなく、恨みが歴史に埋もれ、過去のものとなってしまいました。

八、神は各国の人々に権利を与え、権利を与えられ
　　た人々は自分たちのリーダーを選ぶことができ
　　ます。

九、それぞれの宗教はルーツが同じであり、あなたが
　　信仰している神は、キリスト教のイエス＝キリ
　　スト、聖母マリア、道教の關聖帝君、張天師、
　　仏教の釈迦如来や弥勒如来、達磨大師などはい
　　ずれも人間界で転生を果たしています。
　　　　新宇宙の神の力には、全力で地球上の全て
　　の存在を守り、人々に善を施し、純粋に善良で
　　あることを永遠に行う責任があります。あなた
　　が信じる神は、地球人が宇宙人と同調して新し
　　い宇宙を営むことを願い、これからも人々を祝
　　福します。
　　　　PS. 地球人の皆さんへ、宇宙から地球が侵略さ
　　れてしまいますので、絶対に核戦争を勃発しな
　　いでください。

十、地球の神が訪れる光、神霊に対抗することは、も
　　はや困難でした。

十一、私は地球が武力で制圧されることを望んでいま
　　せん。神は最後まで守ってくださります。私は、
　　転生して地球へやってきたあなたがただひた

すら私のように、生命の力で地球を守り、地球を救うことを願っています。

十二、私たち地球人は共に力を合わせたら、奇跡を起こすことができます。2012 年 12 月 31 日、第 4 文明が終わりを迎えました。2013 年 1 月 3 日に第 5 文明が始まりましたが、全てがうまくいき、神の力は災厄を乗り越えた後、平和をもたらし、素敵な日々が続くためには、私たち一人ひとりが地球人は共に団結し、共に支えあい、地球を守るという責務を果たす必要があります

十三、我は地球人であり、台湾人でもあります。神々を新しい世界へと導き 改革を実現することができました。

　　　私が地上の人々を栄光へと導く姿をご覧ください。

　　　それとも、地球人の皆さん、まだ私の神の力が信じられませんか？

十四、昔の宇宙の神も新しい宇宙の神も、神々のレベルに違いこそありますが 地球を守る役割を担っているのです。 ロシア上空に隕石が落下し

た 2013 年も、科学者が災害を予測した 2016
年も、そして 2020 年のニューヨーク、東京、
青海でも、神々は静かに地球上のあらゆる存在
を守り続けているのです。

これが地球人に対する私からのメッセージです。

　　　　　※　　　　　　　※　　　　　　　※

「救世主たる新宇宙の神」からの重要メッセージ
（2022 年 7 月 25 日）
です。

新地球人文工房のメッセージ記録は
2022 年 7 月 25 日に制作、転載しました。
（New Earth Humanistic Workshop）

このメッセージをご覧になった皆様にメッセージ内
容が伝わることを願っています。もしよければ、他の
地球人の皆様と共有いただければ嬉しいです。地球人
の皆様が霊力を高めて、危機を乗り越えて、5 次元の
ステージに達することを願っています。

転送、共有して多くの地球人へ伝えてください。善き
地球人が団結することが次のステージへ進む鍵です。

関連リンク

（中国語）
https://www.facebook.com/203495610425827/posts/1203755980399780/

（英語）
https://www.facebook.com/203495610425827/posts/1205832850192093/

上卷

諸佛問答語錄

1

2020.2.14 我覺得日咎在轉換。果然，在中午一點多，
　　　　　埔里日暈，拍到轉換日咎，地球進入第五
　　　　　文明。
在內蒙古拍到五個太陽

2020. 3.19 相遇在天，相守在人，珍惜在心。

2020. 3.22 想要拖垮別人經濟，自己先倒
　　　　　想要成就別人，自己也成就

2020. 3.23 除非一起打拼過，否則，不會珍惜
訊息：兌現遍地是金
善哉：藥師佛居士林道場
　　　成就新宇宙，下永恒的一切
大天認證此事，走完最後一哩路，終點。
執行長轉達此事
　　　　　我萬分感恩　成全此事

2022. 3.29 凡事須待時而動。

2022. 4. 3 新宇宙神權，適合地球的新法規，重整
　　　　　地球

2020. 4. 6　地球可以運行太平盛世的判決，我們新
　　　　　　宇宙神權勝出

2020.04. 9　訊息：地球強勢進入第五文明

2020.05.21　訊息：地球的資源轉換（財源、權力）
　　　　　　有德之人享有

2020.05.26 地球展新局，虛實大對決
　　　　　　善惡大車拚

2

2020.6.26　日本出現夢幻彩虹雲（環水平弧），現瑞象。
中文是「日承」，要天時、地利、人合，才看得到。

2020.7.15　改朝換代的成功展現
　　　　　　下永恆，新宇宙，領軍
　　　　　訊：篤定，必成，已成

2020.7.22　訊息：前後圓合，過 2018 狗年
　　　　　　下永恆，新宇宙的成立
　　　　　　執行長扮演關鍵角色
　　　　☆大天：誰能執法，就附予誰 「權力」

2020.7.23　屏東大武山頂，彩虹示現（台灣尾，有收尾之意）

2020.7.25　訊：成就別人，就是壯大自己

2020.8.8　玉山出現三圈彩雲◎，慶賀我統一神權
　　　　　一、二、三宇宙（三大天），在神權，前所未有的局面

2020.8.22　巴威颱風，離開台灣（如同結界，氣象局，如此形容），因神權護著，直撲韓國。
☆道場大弟子，代表地球人，應試，過關
　　　　　地球運行第五文明，太平盛世。

2020.8.24　訊：女王王慈愛
　　　　　　戰勝地球人的業力，進入第五文明

2020.8.27　訊：對無所求的人，無法害祂。

2020.8.28　訊：地球進入第五文明的受力（運行的受力）
各隨錢財獲得的多寡，全部分散出去（業力隨財）
☆　只取應得，才不會有業力

2020.9.1　訊：陽世間兌現第五文明的 5 支令旗下來了。

2020.9.5　訊：大勢抵定
　　　　　　奇蹟發生，天下是誰的，早就註定
　　　　　　台灣合歡山，現金龍

2020.9.6　訊：天決定，結束災難、着手安排，救世
　　　　　　　主的轉世
　　　　　　拯救世人、拯救星球、拯救無數生靈
　　　　　　拯救轉世空間
　　　　　　如今已完工，感恩救世主王慈愛完成使命
　　　　　　卸下重責大任
　　　　　　女王肉身王慈愛，立即倍享尊榮

2020.9.7　来攻擊的惡靈發出怒吼，去死啦，無能為力
　　　　　　這是怎樣的境界？
　　　　我答：修行路的程度，一步一脚印，自己走，才
　　　能理解體會

3

☆神權為善人，開方便法門

2020.9.8　訊：害人之心，不可有。
☆　自己賺的，才有話語權
☆　審視內心，自律，打破框架
☆　不勞而獲→貪念的来源

☆ 真心，真愛→快樂的泉源
☆ 未雨綢繆→人無遠慮，必有近憂
☆ 無中生妙有→應時運而生，應德性而成

4

☆ 因果法則，種什麼因，得什麼果
☆ 要改變命運，要不種惡因
☆ 信任（信用）是一切成果的基礎
☆ 謙卑、自律，才能打開框架，更上一層樓
☆ 互利共生，才是長遠之路
☆ 和大自然和平相處。太自私→將引來大自然反撲
☆ 往好的想，天自有安排
☆ 隨順因緣（成功的泉源）
☆ 相由心生（慈悲心）悲天憫人之心→遠大的格局
☆ 思惟→決定一切（一再執行）　坐而言，不如起而行
☆ 扛責任，扛起來做，做成→必為領導者
☆ 意志力（成功的來源）
☆ 行善→福報增大的來源。
☆ 福報大→官大／錢多／企業家
☆ 搶來的，只是過路財神
☆ 人生不如意，十之八九，但也是成就你（妳）的歷練

☆ 做好每個當下，是成功的鎖匙（一針見血）

☆ 定力（意志力）是成功法門

☆ 機會，永遠是給準備好的人。法力等於才能

☆ 善惡，一念之間，一念清靜

☆ 入寶山，却空手而回？

☆ 近則狎禮節，謹守分寸

☆ 覆巢之下，無完卵，自私，沒用。愈自私，愈危險。

☆ 真心付出，不求回報→才能創造功德量

☆ 真心，才能和功德量相融和。

☆ 修行人的性（本性），不接受賄賂

☆ 為國家、為大局，沒有國，哪有家。

☆ 分別心→想通，種什麼因，得什麼果。

☆ 無差別，眾生平等、互利共生

☆ 扛責任→做到成功，才能創造功德量

☆ 過與不及，都無功

☆ 中道而行（不偏激是法要）

5

2020.9.10　好的靈體（神尊）、好人，想要改變，不想陪葬
　　　　　　是創立新宇宙的主力

☆ 付出→要給人家要的，而不是自己要的

☆　無害人之心，則無過（因應局勢）

☆　沒有人，能保證你一定會成功，做看看，做就是

☆　邊做，邊解決，當下的問題，只有做的人，才知道

☆　執行力、權力

　　在你自己身上，或許窒礙難行

　　回報上司，和上司討論，就阻力全消（因視野、
　　思維、格局、歷鍊不同）

☆　瞋恨心，修行人的大忌

☆　問：如何破除瞋恨心？

☆　答：見賢思齊，見不賢而內自省

☆　　　過不了瞋心，就火燒功德林了

2020.9.12　訊：別寄望天對你慈悲

　　　　　　　　要看自己能做到什麼？

2020.9.13　無用心，猶如水滴入熱油中，全部彈開。

　　　　　　是真心，才能和功德量相融和。

☆　應運而生，隨順因緣，凡事不可強求（外面雷聲
　　相應和）

2020.9.15　你的本性，決定一切成果

2020.9.24　你、妳的轉世，會到那裡去，都在你、妳
的本性，本性勾招使然。

2020.9.24 一個朝代（階段）的結束
☆ 撫慰亡靈（迴向功德量給過程中，有貢獻的亡靈）

6

2020.9.27 執行長，您總是在我萬分絕望的時候，扶
　　　　　我一把，我對地球人間，萬分絕望。
執行長說：女王，您要撐過去
　　　　　不然，地球，白忙一場
我答：知，淚流滿面。

2020.10.27 下永恆、新宇宙的令旗到人間了

2020.10.29 想通此點
犧牲人間境遇的好，才能揹過地球人的業力
訊：大天讚嘆
　　偉大的地球人，女王，王慈愛

2020.11.2 訊：下永恆，新宇宙，新法規
　　　　在人間兌現成真

2020.11.22 訊：執行長，告訴我
神權、資源已經給下永恆，新宇宙

2020.12.21 黃金千年，新宇宙能量已到地球了，此能量將照拂地球千年。

2020.12.23 執行長訊：我們女王，十分優秀，永恆愛戴
執行長讚嘆：女王，您怎能完成如此龐大的功德量幫大家
我答：天命所歸

2021.1.11 訊：厚道的下永恆（新宇宙）
萬民（靈）愛戴

2021.2.6 訊：下永恆，新宇宙三大公庫
加入支援，讓我別擔心
我萬分感恩
訊：大家站在報恩
訊：一位扭轉未來的偉大女性，眾靈（神尊）的呼聲

7

2021.3.4 和北斗星君溝通之後
訊：紫雲巖、潭水亭，所有神尊，全部轉世去
將來會到藥師佛居士林道場，領收新宇宙神權

2021.3.28 訊：女王，您怎能如此？
我答：我無求
訊：原來，我們就欠這個，想要的太多。

2021.3.30 訊：原來善惡各自受報，是解藥。
　　　　　等看懂，死路一條。
　　　　　善哉，女王王慈愛。
　　　訊：大天，力挺到底。

2021.5.9 訊：舊宇宙的主，問：您為何如此淡定？
　　　我答：新宇宙、下永恆，天下已經是我的，
　　　我何須慌張？
　　　訊：沒想到，全部去了了（台語）（潰散了）
　　　訊：整個地球，聽令
　　　　　　　　運行新宇宙第五文明、新法規
　　　　　　　　兌現成真
　　　執行長訊：過了，女王，請靜候佳音
　　　　　　　原來如此，解鈴，還須繫鈴人
　　　　　　　女王，地球人，對治地球事

8

2021.5.17　訊：女王，大家聘請您做王，做新宇宙的
　　　　　　女王

我答：我不知該如何自處，我從未有做王的心思。

訊：效忠女王，請領導我們，大天。

我熱淚盈眶，我不知，我是否能勝任？

訊：愛女王，新宇宙下永恆的女王　王慈愛

2021.5.18　午1：25分聽到我有事，要問您。

查詢：大天問我：為何肯為三大天（一、二、三宇宙）
　　　拼命？

我答：無處可逃。

　　　惟有改變制度，廢除高法身、法身的制度，
　　　大家才有出路。

大天答：力挺到底，感恩女王　王慈愛

2021.5.30　感恩完　執行長，若無祂的力挺，就無新
宇宙。瞬間，外面雷雨交加，傾盆大雨，大雷連打數
聲。

我感悟，翻轉宇宙，結束舊宇宙，創立新宇宙。

由我們佛教擔綱，我已經不負天之所託，完成任務。

瞬間再次傾盆大雨。

2021.5.31　感悟：凡事不如人意，必是天意。
　　　　　　　　　對的事，做就是。

2021.6.3　訊：龍族，可以轉世在人間，例如蛇類一
般，各憑本事，生存在陽間，陰間一樣歸到畜牲道。
麒麟、瑞獸，比照辦理。

若協助神、佛、菩薩轉世的修行人，治理好人間。功
德量將快速增加。功德量一到神仙階，亦可轉世為人。
查：眾靈都同意，不再為惡人所利用。

9

2021.6.7 利益眾生，讓大家有好日子過。
惡靈：難怪妳會贏。
　　　原來如此，我只顧自己的權力，難怪會輸。

2021.6.11　推背圖預言的兌現：無王無帝定乾坤

2021.6.12　訊：做到讓神權，心服，口服
　　　　　女王　王慈愛

2021.6.20　訊：問，女王，您無懈可擊？
　　　　　我答：不是
　　　　　　　我只是隨順因緣
　　　　　訊：愛
　　　　　　難怪我們女王會大獲全勝

與有榮焉

2021.6.21　黃信介，應該在我迴向功德量的名單之
　　　　　　列。台灣民主、自由的付出者，黃信介。
訊：難怪，到處都無怨言
　　原來　女王　王慈愛做到這個程度
　　不愧是下永恆，新宇宙的女王
訊息來自大天
　　　　甘拜下風，學做人

2021.6.22　訊：大天　既給權，必究責

2021.6.29　訊：女王，您怎能如此的寬宏大量？
　　　　　　我答：隨順因緣，如果您是下永恆　新宇
　　　　　　　　　宙的要角
訊：權下去，責下去
訊：瞬間井然有序
訊：高招，女王。

10

2021.6.29　藥師佛居士林道場，已為修行路，找到出
路，曙光已現。
訊：大天賜道場禮物，

訊：要什麼，有什麼。

2021.7.3　我做到地球神靈接的上來，才會離開
訊：感恩女王

2021.7.4　意向中看見山，大山。
　　　　　感覺俯視着我
查：無形界，保護着我
　　看見大岩石旁，出現一叠文件
查：無形界給我的文件，
　　保護女王　肉身王慈愛
　　無形界回覆的文件

2021.7.6　訊：一切已成定局
　　　　　查：來自大天
　　　　　　　　女王靈體
　　　　　　　　　執行長
　　　　　　　　下永恆，新宇宙，永恆運行
　　　　　　　　順天者昌，逆天者亡

2021.7.7　覺得一切平息了下來
訊：大天，不容造次
訊：將地球守護的責任，發包下去

2021.7.9　訊：一切定案，執行

我希望大家，都有一碗飯吃
　　訊：原來這就是我們的女王
　　訊：永恆愛戴
　　　　原來無私到這種程度，難怪是
　　　　下永恆的女王　王慈愛

11

2021.7.12　意向中，看見整袋記錄本子
查：大天在記錄資料
　　大天通知我，地球進入太陽的世紀，功德量已到
大天讚嘆，買下太陽系的壯舉，並捐給新宇宙神權的
　　　　　　公庫，已使太陽系，列入中央管轄。
並讚嘆，原來，修行領域的成就，可以如此。

2021.7.14　訊：執行長轉達，超過一萬顆星球（科技
　　　　　　強的）已經直接探望下永恆，新宇宙
女王　王慈愛的肉身（認証此事）
兌現：「萬邦來朝」每次造訪，都有知會地球的大國

2021.7.15　和掌管地球的靈，溝通，兌現善有善報，
　　　　惡有惡報
　　　　訊：土地，加入執法。
　　　　訊：惡靈　呼風喚雨，您到底是何許人也？

我答：新宇宙　下永恆神權　女王　王慈愛（氣場萬
　　　千）

2021.7.19　看到一影像
查詢：確認是創世主
　　　感恩我完成使命，期許我帶領新宇宙
我問：為何您不自己做？
　答：如果可以，早就自己做了
訊：各有使命，各司其職，各展長才

12

2021.7.20　下午看見的影像
查：天地合，陰陽調和，萬物泰
（推背圖）陰、陽合，化以正，坤順而威，後見堯舜，
的兌現

2021.7.21　想當初，只要有淨土就好
　　　　　扛起責任，打造彌勒淨土
　　　　　意向中，看到一頭牛
　　　訊：牛年（2021）收尾了，成功了
　　　下午，新宇宙神權賜如意給釋迦牟尼佛　彌
　　　勒佛

2021.7.22 地球人，必須靠自己
訊：歹竹出好筍（台語）
　　舊宇宙神權已崩潰
　　出了，新宇宙的女王　王慈愛
　　得到執行長，這個得力助手
　　我們統一了三大天（一、二、三宇宙）
訊：成就如何？
　　看您遇見了誰？
☆　晚上有一陣很大場的氣場轉換
　　查：新宇宙神權在人間兌現。

2021.7.23 我心，不計較，了結，各隨因緣。
訊：氣量大度，難怪能解決，一切問題
　　原來這就是　新宇宙的王，肉身了得
訊：受教了。

2021.7.24 訊：此人堅不可摧，硬底子。
　　　　　　　難怪能成就下永恆。
　　　　　查：訊息來自地球的大天（無形界）。
　　　　　訊：呼風喚雨，萬靈都對祂聽令，真正厲
　　　　　　　害。
　　　　　　　真不愧是新宇宙的女王
　　　　　查：此訊來自地球的大天（無形界）

13

2021.7.25　意向中,看見一「生死簿上」,滿滿的名單。

2021.7.27　意向中,看見一隻大手把桌面上的物品,
　　　　　全部掃落(除)。
查:是釋迦牟尼佛的大手

2021.7.28　昂宿星人,驚訝
　　　　　新宇宙神權女王的肉身,竟然還真的在地球
　　　　　人間名:王慈愛

2021.7.29　訊:慈悲心,只應在真正需要的人。

2021.7.30　訊:地球進入太平盛世的功德量已到。
　　　　　　　　任何侵犯救世主 王慈愛的人,立即
　　　　　　　　結算並執行受報
　　　　　訊:來自地球大天(無形界)。
訊:種瓜得瓜,種豆得豆,一分耕耘,一分收穫。
　　我們女王,已經成功做示範演出。

2021.8.1　訊:耶穌基督轉世,緬因州

凌晨 4 點 12 分,訊:外星確認

神權、新宇宙女王的肉身，真的在地球

凌晨 4：13 分，地球我的母星，感受到很強烈的氣場
保護我
查：來自地球母親
　　我萬分感恩，您願意承擔，守護地球的使命
　　感恩有您，萬分感恩
訊：感恩救世主，新宇宙的女王　王慈愛，守護地球
　　死都不放手，盡本分而已，請勿掛念，我（地球）
　　受您保護更多。
我眼泛淚光，感恩有您，守護地球，責任交給您

14

2021.8.2　向所有為新宇宙運行，神靈，默默運行的
神靈致敬，感恩有您們
　　　　　我們已經走到新宇宙，大家平安了。

2021.8.5　訊：彌勒佛說：我師父是新宇宙的掌權者
　　　　　　　師承，法脈
　　　　　訊：聰明，彌勒佛

2021.8.6　惡靈問我：
　　　　　女王，您怎能如此淡定？

我答：我無求。

惡靈：原來如此，難怪我們一路輸到底。

查：釋迦牟尼佛，全面執法，整頓人間。

2021.8.10　惡靈問我：有何秘招？

我答：沒有，見招拆招

惡靈回我，您真是剋星。

我答：是，氣撼山河，氣撼新宇宙。

訊：這就對了

我們的女王，新宇宙的女王

我們愛戴，大家的共識。

2021.8.18　收到新宇宙，創世主訊息：力挺地球

進入太平盛世，第五文明。

2021.8.19　在想地球進入第五文明、太平盛世時

聽到：批准

查：來自創世主

我萬分感恩

15

2021.8.20　意向中，看見布袋針（大針）

查：須我肉身，穿針引線，才能救地球人。

2021.8.21　訊：地球母親

　　　　　　　守護新宇宙女王　王慈愛，到肉身、
　　　　　　　生命終了

　　　　我萬分感恩，新宇宙神權，看護着大家

2021.8.23　訊：女王靈體，調集宇宙黑洞，守護着地
　　　　　　　球。

　　　　　　訊：女王，您已經大功告成，完成任務。

　　　　　　訊：來自創世主的認證。

　　　　我萬分感恩

2021.8.29　執行長告知我，地球是險局，未必能過。

　　　　　　我答：我們盡心盡力即可

　　　　　　　　　隨順因緣，由天去判。

2021.8.31　訊：原來乾淨到這種程度，難怪能校正新
　　　　　　　宇宙神權。

　　　　　　我答：承讓了。　　（氣場萬千）

2021.9.3　訊：查：地球是個爛攤子

　　　　　　我答：知，感恩告知。

2021.9.6　訊：正綱綸，校正神權

　　　　　　　新宇宙女王，操軍

凌晨 5 點 23 分，意向中，看到，襲捲新宇宙

訊：原來這就是時勢所趨
　　舊宇宙，沒戲　　查：評語來自創世主
訊：原來天會交給她，原來這麼猛，不負所託。
　　連我（創世主）都敬畏三分。
我感恩為新宇宙讓路。
訊：難怪她會成功
　　對一切感恩
　　對幫忙的神靈，報恩
　　難怪，無怨
訊：以德載道的最佳詮釋

16

2021.9.9　訊：新宇宙，下永恆
　　　　　　生米已經煮成熟飯
　　　　　　一切已成定局。
　　　　　查：此訊息來自創世主。

2021.9.10　一切為我所用，但不要佔有，想要佔有
　　　　　　必會失去，只要使用，所用一切為眾生。

2021.9.13　聽到：恭迎救世主　王慈愛。
　　　　　　查詢：釋迦牟尼佛、彌勒佛
　　　　　　　　　帶領地球神權的集體意識所發出

查：當日兌現

2021.9.15　意向中，看見版上有字，雕刻般字體。
　　　　　　查：新宇宙神權，天律已經下來，人間兌
　　　　　　　　現運行。

2021.9.16　訊：靈魂的級別，標示的清清楚楚。

2021.9.17　訊：無論多少的法術，地球，全部接走。
　　訊：原來，她曾經護着地球，死都不放手，
　　　　原來如此。
　　查：此訊息來自創世主
　　　　難怪能穩居下永恆，新宇宙女王的寶座
　　　　原來如此（訊：答案）

17

2021.9.19　訊：不知他們燒什麼香？
　　　　　　查：原本天道，預備轉世靈體
訊：新宇宙神權　女王　王慈愛
訊：歹竹出好筍（指地球）（台語）
查：來自創世主的評語

2021.9.20　看見影像，查詢：大甲媽祖，求救。

我問：您要我如何幫您？

　　答：無言以對，愧對神尊，女王。

我問：能否，將功折罪？

　　答：原聞其詳。

我答：共同守護新宇宙、太平盛世。

　　答：全力以赴。

問：何以寬恕？　查：執行長提問。

我答：曾經和我並肩作戰的優秀團隊。

　　答：知，理解，女王，一向重情重義。

訊：大甲媽祖，財入誰的口袋，業力歸他。

訊：合理。　查：地球的判決。

凌晨 4 點 50 分，我已經活出生命的光輝，此生無憾。

　　　　拿命去使，叫使命，我已經完成使命。

訊：完美結局。　　查：此評語：來自創世主。

訊：怎有人，能如此？　人道，真是修行的好場域。

凌晨 5 點。　　訊：神尊饒命。

　我查：大甲媽祖。　　訊：請寬恕萬身罪業。

　我答：讓接受財及權力的人承擔。

　　訊：感恩新宇宙女王　王慈愛的寬恕

凌晨 5 點 03 分　　訊：難怪她能讓萬靈折服，原來她如此做人。

查：此評語：來自創世主，讚嘆，天下無此難測。

18

凌晨 5 點 20 分　訊：對我不妥協的是阿修羅道。
我答：我們已經不需要阿修羅了
我們不要惡（氣場，慈悲萬千）
您覺得，您要歸屬何方？
善或惡？
訊：惡靈　去死啦
我說：神權已校正，執法中
我在兔年 100 年，成立道場。
有能力，自己打拚功德量。
神權，功德量，勝出者，喊聲（台語）

2021.9.21　訊：女王，您不是人
我查詢：來自創世主
我答：我已盡力，悉聽尊便。
創世主答：您是人類的標杆。

午 2 點 20 分意向中，看見時鐘迅速的走到 12 點的位置
意向中，看見菱形大鑽石，及晶瑩剔透的綠翡翠玉
訊：榮耀留在人間。
查：創世主所贈
　我萬分感恩
☆　神權的裁判，創世主審核團，蒞臨地球。

☆　核實新宇宙神權女王王慈愛，肉身在，確有其人
☆　並核實，藥師佛居士林道場的功蹟，
☆　新宇宙、下永恆的起源地，功德量完成的道場

2021.9.23　訊：有能力，不用高法身、法身，您就存在
訊：原來這就是解決問題的方法
查：來自創世主
　　原來如此，認可，執行

19

我的願，只為蒼生有一席之地
訊：創世主，赴約，履行此願
☆　錢塘潮，是Ｖ形　　查：水，大獲全勝

2021.9.24　地球神權，大獲全勝。
查：此訊息，來自創世主
　　原來新宇宙女王　王慈愛，驍勇善戰

執行長答：那是我女王，成就的肉身，當然厲害
　　我感恩幫忙，辛苦了。

創世主：原來留女王肉身活着，是為了要幫地球的一切蒼生，真正偉大的佈局，難怪一路贏到底，連我都不得不服祂。

我萬分感恩，感恩大家，辛苦大家。

凌晨5點01分　查：主神歸位，指誰？
答：新宇宙神權女王　王慈愛

凌晨5點50分　訊：三宇宙（一、二、三）發出的訊息
報恩才是路，感恩地球

感恩新宇宙女王救命之恩
護航着地球。

訊：原來祂的力量如此。
小巫見大巫。查：地球的神權，受教了。

訊：觀察您有一段時日，覺得您所言所行，附合正法。所以告知您此事。神權已由舊宇宙，走到新宇宙。三道輪迴是共識（宇宙），人道、畜生道、地獄道，會把畜牲道列在中，是尊重，只是受報，未必劣。畜生道是還清業力最快的法門。（但須，量力而為，否則魂飛魄散）

20

2021.9.25　訊：顧地球，顧到那樣（台語）
　　　　　　　難怪地球，現在還平安。

查：來自創世主的評語。

訊：地球出能人（台語）
　我萬分感恩，感恩成全這一切
　讓新宇宙，下永恆，生生不息，永恆運行，大家平安

訊：這個人，心中沒自己（台語）
　　肉身王慈愛，真是了得，難怪能成就新宇宙，下
　　永恆

查：來自創世主評語
　我萬分感恩，辛苦了

凌6點20分　神識，對地球的神靈，下令
　　　　　　　管好地球，守護地球
　　　答：末將聽令

凌6點35分　訊：神尊，別曝光
　　　　　　　不然，會沒命
　　　　　查：來自創世主
　　　　　訊：世道艱辛，領教了

凌晨6點43分　訊：扛起地球神權

訊：釋迦牟尼佛、彌勒佛
全力以赴

午2點30分　意向中，看見一本書，翻篇了

2021.9.26　訊：您怎能如此鎮定？
查：惡靈提問？
我答：我無私，力量亦無窮，新宇宙所有團隊，與我
站隊

凌5點05分　訊：迅速完成功德量，護住大家
前無古人，後無來者。
查：此訊息：來自創世主的評語
創世主，同意，新宇宙神權執法。

21

2021.9.27　意向中，看見　大甲鎮瀾宮、潭水亭、紫
雲巖
訊：本主神，結束營業
訊：一人能撐山河（指救世主王慈愛）
查：創世主的評語

凌晨6點03分　想到提攜後進

聽到，請幫忙

查：我師父　釋迦牟尼佛。

答：我會盡力。

2021.9.28　把藥師佛居士林道場及管地球的神權
　　　　　交接給釋迦牟尼佛、彌勒佛
　　　　　權力、責任全部交接了

2021.9.29　訊：女王靈體提供資金給創世主使用。
　　　　　訊：查：創世主，擺平了地球。

☆　請女王靈體幫我對創世主，送禮答謝
　　　　　欠創世主，一份情，幫地球人

2021.9.30　想不到能和師父釋迦牟尼佛，弟子彌勒佛
　　　　　在地球人間相處，很是歡喜，很是珍惜，這一段
　　　　　最後在人間的歲月。

2021.10.1　凌晨4點46分　訊：真正厲害

查：此訊，來自創世主
　　　　對女王　王慈愛的評語
　　　　原來有此肉身的修持，難怪能成就一切
我感恩一切所有境遇，成就我的。
訊：原來這就是氣度，修行領域的成就，受教了。
查：來自創世主。
訊：敗給小輩，原來，人道，能修行至如此。

我萬分感恩，我只是趕鴨子上架，不得不如此。承讓了。

惡靈：去死啦，原來我們都在成就他們的功德量。

22

2021.10.2　地球神權

訊：選出第二任輪值佛

　　由大日如來、燃燈古佛出任。

☆　紛紛要在地球排班轉世

　　因有藥師佛居士林道場，可應用，讓一切變得可行，紛紛，躍躍欲試。

　　地球試鍊出　新宇宙神權的女王　王慈愛

查：訊息：來自執行長，親自來地球的神權，主持此事

☆　大日如來，先禮讓我的師尊，釋迦牟尼佛，

　　我感恩，這樣好，讓我師尊，打點得更好。

　　交給大日如來，掌理

☆　釋迦牟尼佛　訊：教出狀元才。

凌晨 2 點 33 分　　訊：神權都非常歡喜，往太平盛世的

　　方向前進，為真修實行，邁開大步。

☆　神權（地球）　訊：新宇宙神權女王　王慈愛

　　　　　　　　　真是天生的王

　　　　　　　紛紛表示，與有榮焉

我答：地球就交給神權守護了
　　　祝福大家，一路晉升
訊：眾將聽令
訊：善哉，一個人竟然能扭轉未來。
查：來自創世主的評語。
我答：時事造英雄，並非我厲害
　　　僥倖罷了，感恩大家力挺
　　　讓我們一起邁向美好的未來。

23

下永恆，新宇宙，生生不息，永恆運行
訊：那叫格局，連我都不得不服。
查：創世主評語
我萬分感恩，能不負使命，順利完成，天所託負的任務，感恩大家的助戰力挺。
哈哈哈，我們神權，沒落漆（台語）

訊：大家的榮耀，光榮的下永恆。
　　　新宇宙神權，守護着大家，各司其職，各展長才。
查：來自一、二、三宇宙的集體意識

訊：大家樂翻了，不用滅亡了，神權，危機，解除了
　　我感受到大家很嗨！普天同慶。

訊：協助，搞定地球

訊：一、二、三宇宙，資源，源源不絕，資助地球
　　對女王　王慈愛　報恩。
　我萬分感恩，感恩大家，辛苦大家
　值得，一切都值得

凌晨 3 點 52 分　訊：新宇宙，星球保住 2/3
　　　　　　　　訊：這就夠了，我們孕育。

2021.10.3　在我覺得喘不過氣時，執行長，立即灌注
　　能量給我，
　　　我感恩，萬分感恩

訊：執行長告訴我，時間點未到，肉身還不能死
否則地球會沒救，須等釋迦牟尼佛、彌勒佛全面接手，
　　才能走，知嗎？女王

我答：知，感恩告知，感恩幫忙，感恩有您。
　　讓一切變得可能。

24

2021.10.3 凌 5 點 05 分訊：一個人，扭轉未來

　　　　　　　　祂真的做到
　　　　　　　訊：來自創世主的評語
創世主看到我在人間的成就
都真想轉世呢，挑戰自己的實力。
我請示，能否轉世？
答：不能
　　因為是宇宙的主宰，須鎮攝宇宙，
　　為諸神主持公道

2021.10.4　凌5點53分訊：
問：您如何看待管理一、二、三宇宙？
我答：我只是暫管，
　　　有德者，始能為之，
　　　功德量超越我者
　　　權力就歸祂
　　　這是天地不變的定律
惡靈：去死啦，怎如此難辦，遇到鬼。
我答：不　不　不，遇到神

☆　新宇宙神權，只希望大家都有生存的空間。
☆　請讓路
訊：無限讚嘆，怎有人如此
　　　　　氣場無限祥瑞
訊：如您所願。
　　查：創世主

難得神權有此女王。
訊：創世主，被愛感動。

凌6點25分，訊：地球有一場硬仗要打
　　眾將應戰
訊：女王，您不用擔心
　　　　讓屬下應戰，調專家應戰。

25

2021.10.5　訊：把人間的太平盛世，救回來
查：地球新的神權所執行。
我答：這樣好，地球的神權，須靠自己、自理。
訊：大日如來、燃燈古佛，已在組建祂的團隊

凌2點39分
訊：執行長，播放我的經歷給地球的神權看
　　　　地球神尊讚嘆：女王，有夠猛，自己一個人
　　帶領宇宙黑洞，獨撐了二個多月，真正厲害。
執行長訊：不要只看人家的成就
　　　　去看一下，人家的過程，你就會心服口服，
　　　　成功沒有偶然，辛苦、努力是必然，
　　　　永不放棄的精神，值得大家學習。
☆　天命早已註定，做就是。

凌 2 點 59 分，訊：嚇死人了，我的乖乖，原來我們助
　　戰的古藥師佛，今非昔比，已經晉升新宇宙神權
　　的女王了，效法、學習、放下身段，從謙卑做起。
　　一人面對險境，直到找到執行長，才有助力，讚
　　嘆啊！

☆　我告訴大日如來，地球的神權，交給您們守護
　　大日答：榮譽之至

　　女王，請放心，

　　我拚面子的，輸人，不輸陣（台語）

　　請留 2019 預言到兌現這本書給我們，修行人成就的
　　心法。

26

2021.10.5　應用法要，我會留在藥師佛居士林道場，
　　有任何提問，也可，我會盡力幫大家。

凌 3 點 25 分　告訴轉世地球的外星靈體，
　　　　　　　既來之，則安之，盡己所能
　　　　　　　為地球做付出，
　　　　　　　我亦是，如此做。

訊：感召眾靈（人），降伏眾生，原來如此，

真是天生的王。

查：此訊來自創世主。

☆　意向中，看見頭髮編成辮子，上面閃閃發光。

訊：從法源，正本清源，已成。

評語：創世主。

2021.10.7　凌晨 6 點 35 分　訊：執行長說
　　　　　　　　　想不到地球的神權，這麼猛，完全接管
　　　　　　　　　人間。

真是強將手下無弱兵。

查：此評語，來自創世主。

凌 6 點 38 分　訊：女王　王慈愛，這個人，做到自掏
腰包，顧全大局。

訊：評語：真正不是人
　　　　　　真正的神
　　　　　　神權的標杆。

　　　連我，都不得不服祂。

　　　新宇宙神權，女王　王慈愛

早 7 點 02 分，會死，讓我肉身去死就好
　　　　　　　　請您顧全大局，女王　王慈愛

訊：就是這種情操。

27

訊：原來如此，懂了。

　　原來祂們只想成全對方，幫對方，只要您好，就好

　　這就是真正的愛

訊：原來愛是付出，是成全

訊：懂了，受教了。

查：此訊，來自創世主

　　我認定，新宇宙神權女王　王慈愛是主。

　　我萬分感恩，感恩幫忙

　　感恩以蒼生為念，大局為重。

2021.10.8　凌5點，訊：愛祂，幫祂

　　　　完成祂所想要做的宏願

訊：原來如此

查：來自創世主，

　　　　　　　　原來愛的力量，如此大

訊：受教了

　　原來如此，「愛」是一切的基礎。

☆　沒想到女王　王慈愛的人間處境，艱辛到這種程度，

　　還能回去救大家，真神哪！

查：此評語來自創世主

我答：這就是我人間的處境，要比我處境更差的修行

　　　路，可能很少吧？

創世主答：確實是。

2021.10.9　訊：原來執行長，只為了兌現女王肉身王
　　　　　　　慈愛的願，帶地球人，兌現太平盛
　　　　　　　世，而拼命。

訊：受教了。
　　創世主：原來如此，只為愛。
　　難怪能穩坐一、二、三宇宙的女王，偵察如此，
回報宇宙，創世主。

28

2021.10.11 凌4點03分訊：以有人類的身軀
　　　　　　　　統管一、二、三宇宙的神權，前所未有
訊：敬重，女王　肉身王慈愛
我感恩，感恩所有助戰的神尊
我們下永恆，新宇宙已成
神權，是人類的靠山

凌4點05分　執行長：只為兌現女王肉身王慈愛的宏
願，而幫忙到底。
訊：這叫愛，化成灰，都愛。
訊：受教了
　　查：來自創世主，真正的讚嘆。

下永恆，新宇宙的主，萬分確立。

2021.10.12　訊：女王靈體對眾神尊下令
　　　　　　　　各自守護好，我們一起打下的江山，
　　　　　　　　新宇宙神權
　　　　　　　　　　訊：眾將聽令

訊：總算，懂了
　　原來女王肉身　王慈愛，怕被盜用權力。
　　自甘放棄權力，真是偉大。
　　總算懂了，難怪執行長，拚死，護着祂（女王肉身）

訊：這種做法，難怪眾神，心服、口服
　　成就之後，回來報恩
　　報恩力量大

惡靈：去死啦，怎樣都打不贏

我答：別與天為敵，順天而行，才有路
　　　執行長，幫地球一切蒼生

訊：這就是真正的王。
原來「愛」是一切的答案。

29

2021.10.15　神權認主，這是天地、大自然、暗物質
　　　　　　（無形界），對修行人的箝制
　　　　　惟有真修實行，肉身的修持，得到星球、地域、
　　　　　法器等的認同，認您為主，方可啟動，使用。
　　　　　這是天地的定律。

2021.10.17　置之死地而後生。
訊：原來祂早就將生死置之度外，只為蒼生
訊：難怪，眾神尊聽令
　　　　　　　　眾靈聽令
　　新宇宙神權　女王　王慈愛
查：來自創世主

2021.10.18　體悟：順着命運的安排走，是捷徑
　　　　　　　　隨緣，不強求，是最高境界。

凌 5 點 43 分　我也只不過是在亂世當中，貢獻己力，
　　　　　感恩眾神尊參戰，力挺，讓我們成功完成戰事
　　　　　我們已經贏了，連人間都贏了

凌 5 點 32 分　訊：我的心，全宇宙是我的家
　　　　　　　　訊：聽令女王

我覺得想哭，眼泛淚光，大哭一場。

凌 5 點 40 分，訊：地球為新宇宙神權直接管轄的領地。
和新宇宙女王肉身為敵，就是和新宇宙神權為敵
女王　王慈愛，是大家的所愛。

30

2021.10.19 心得：您所遇到的人，即是答案。
訊：做好當下，即是
訊：是正義之師？
　　是為私利？
　　了了分明，不是嗎？
訊：感恩下永恆，新宇宙女王　王慈愛
　　為蒼生，護眾生
訊：難怪她能成，原來如此
　　她從不為一己之私。
2021.10.20　凌 5 點 30 分，我問師尊，地球的事是否
控得住？
　　答：無法，祈請新宇宙神權幫忙。
我答：知，我會安排。
執行長，已收到，會支援。
☆　地球若有疑問，在藥師佛居士林道場，由輪值佛，
發出求救，即可獲得支援。

凌 6 點 26 分訊：舊宇宙的老狐狸，堅持，戰到最後。
訊：奉陪到底
　　加派援軍，支援地球神權。
訊：援軍，源源不絕。

午 2 點 25 分，示現給我看，執行長和女王靈體已經在吃大餐，慶賀了。
訊：神權奇才
查：創世主對下永恆，新宇宙女王　王慈愛的評語

2021.10.21 凌 5 點 05 分，訊息：所有想要搶權力的
　　靈體，陸續光臨太陽系地球已久。

31

我為太陽系，地球付出多一點，也是應該，報恩。
訊：純屬合理。
新宇宙，所有星球，人、事、物、神權，覺得合理。
報恩，捐助。

凌 5 點 14 分，訊：以地球各國財政總支出，清掉地球
　　邁向太平盛世的所有阻礙。
查：釋迦牟尼佛主導
總算抓到法要，借力，使力，不費力。

☆　意向中，看見一瓶子上有「復辟」二字
查：失位的帝王，復行得位。　訊：意指神權復位。

2021.10.22，凌4點53分，訊：我死了
　　　　　　　　　　　　　地球神尊，能自理？
答：無法
　　祈請女王　王慈愛，幫忙，到最後
我眼泛淚光，熱淚盈眶
訊：女王，我們會做好一切，請幫我們，
　　地球的神尊。
我答：我盡力。
訊：萬分感恩。

凌5：15分，看見影像
查：阿修羅提問，為何您能改變未來？
我答：因為愛
　　　愛大家，視大家如同家人
☆　雲層訊息：地球神權，開天闢地
　　光碼→新宇宙

32

2021.10.25　凌5點查：創世主要發言
查：女王，您的記錄，無神尊能比

以肉身王慈愛，統管三宇宙，前所未有
祝福您們
創世主

2021.10.27　訊：感恩新宇宙神權
查：地球的神尊，含轉世空間
訊：一片祥和，和樂融融
　　末劫的危機，已解除
訊：我問地球的神尊
　　我們很好，別人要搶，
　　您們要讓嗎？
　答：不，
　　　女王，請護着我們
我答：陪您們一起守護地球
☆　我們緣份無散，攜手並進，
　　改變了未來，女王，執行長

午1：46分看見二大簍物品
查：給肉身王慈愛，名聲，立即兌現成真。
查：來自創世主
　　委屈到這種程度，光為大局，令人感動。

2021.10.28　訊：到地球搶權力的靈體（光）
　　　　　　　　數量龐大
訊：女王　開啟宇宙黑洞，伺候着

高法身、法身已列為太空垃圾
阿修羅是須法身的，仍是太空垃圾。

33

2021.10.31　訊：地球神尊
　　祈請新宇宙神權幫忙
訊：面授機宜

2021.11.2　訊：全地球，宣示效忠
　　　　　　救世主　王慈愛
☆　新宇宙，應時運而生
　　　　應德性而成

2021.11.4　訊：女王靈體為「魄」七成回靈體而愧疚。
　　　　我答：請以大局為重
　　　　　　　我能理解，請顧全大局。
訊：全宇宙所有靈體，淚崩
訊：偉大的女王　王慈愛。

2021.11.17　訊：原來功德量，所向無敵。
訊：水土合，隨遇而安，即來之，則安之
　　　貢獻一己之長才，對地球，我亦如是。

☆　意向中，看見有人，快速的在三Ｆ道場的走道上，向外跪着朝拜。

查：是執行長

　　感恩道場，讓祂成就修行路。

之後，看到道場跪滿了人，連陽台都滿了

訊：神尊分批，帶領團隊答謝道場，成就了祂
　　會連續幾天（如此通知我）

2021.11.9　訊：新宇宙能量到達藥師佛居士林道場之
　　　　　　　　後，再擴散到整個地球
　　　　　　　　道場是能量的接收基地。

34

2021.11.16　訊：善惡大車拚
　　　　　　　雲層訊：織女星有幫忙。

2021.11.20　凌3點58分訊：織女星對我，非常抱歉。
　　　　　　　　　　　　冒犯了，女王　王慈愛
　　　　　　　　　　　　（以為有機可乘）

　我答：看後面，發展如何？

　訊：惡靈，去死啦，別走

凌3：55分，覺得一切平息了下來。

2021.11.23　訊：我為何能成為王
　　　　　　　就在於你苦難時
　　　　　　　我願意幫你（含星球）

2021.11.24　訊：釋迦牟尼佛、彌勒佛
　　　女王，您是我們的標杆。

2021.11.25　開天闢地的雲層（地球）
　　釋迦牟尼佛、彌勒佛，住世的時代
　　　　　　開啟了，天地，大自然，應之。

2021.11.26　訊：惡靈問？
女王，您為何如此清明？
我答：因我無求。
訊：受教了。

2021.11.29　訊息：佩服，成功真的沒有偶然。
查：此訊來自創世主對新宇宙女王　王慈愛的評語。

35

凌4：40分訊：我是不是有什麼，做的不周到？
訊：女王，您，無懈可擊。
查：來自創世主

感恩有您們，救了大家。

2021.12.2　訊：神權妥協
　　　接受新宇宙神權的指揮

2021.12.3　意向中，看見一把金劍
查：金劍已成
　　　新宇宙神權執法（執法機器人，配合着）

2021.12.5　訊：神權發給我大獎章。
　　　新宇宙神權女王　王慈愛
訊：敬重女王　肉身
☆　心燈，一燈能滅萬年暗
　　　　一智能滅萬年愚
　　　　志願不立，天下無可成之事

2021.12.6　惡靈問：女王，您怎能如此？
　　　　　　　　指無私。
　我答：真修實行，您無修持，難以體悟。
　　　　惡靈：不再亂，轉世去。

2021.12.7　訊：一切已成定局
查：執行長轉達
　　　創世主已經判定
　　　下永恆，新宇宙，永恆運行，已成。

凌 4：53 分訊：（女王靈體，撥薪水給肉身王慈愛使
　　用）以折合新台幣 1 千億元，護持藥師佛居士林
　　道場，功德量化解地球，運行太平盛世的所有阻
　　礙。

晚上，海王星、木星、土星、月球、金星，連成一線，
五星連珠。

36

2021.12.9　凌 5：05 分，訊：一切平息了下來

查：此訊來自釋迦牟尼佛
　　感恩弟子
　　新宇宙神權女王的幫忙

訊：以我為榮，引以為傲，
　　愛您師父，我會盡力幫您們，直到生命終了。
　　女王靈體永恆護着地球。

凌 5：38 分訊：新宇宙女王石，已成（氣場祥和）

2021.12.10　眾生意
　　　　　　　　眾人要你活→不會死
　　　　　　　　眾生要你死→不會活

2021.12.11　意向中，看見門打開，牆上由囍字，相連而成，場景光明。

2021.12.12　凌 4：48 分　訊：嚇都嚇死
查：此訊，來自地球的神尊
　　　　　　對我的資歷，成就。

凌 5：05 分訊：引以為傲
　　　　查：來自執行長（我過去世的上司）

2021.12.13　凌 3：04 看見影像，不合格的人，全部
淘汰

凌 3：30 分，訊：以肉身，掌管三宇宙的神權，前所
未有
訊：惡靈，原來我們都在，成就您。
我答：是，萬分感恩。
　　　您的造業，成就我的一切。
訊：中計了。
訊：本性使然。

37

2021.12.17　凌5：03分，看到影像，捐款。

查：新宇宙神權眾神尊捐款，幫地球

訊：神權，與有榮焉

查：捐款金額達新台幣十億兆元

　　護持道場，功德量幫地球，一切蒼生。

訊：感恩眾神尊，共襄盛舉，功德無量

訊：女王，您並不孤單

　　感恩您拼死，護着我們，現在換我們報恩。

凌5：20分訊：眾志成城。

感恩眾神尊的相助

☆　您的星球，若須我協助，請提出申請

訊：我們一路受您照顧、守護、不敢求回報

　　女王的大恩大德，我們永存於心。

我答：還有新宇宙神權的執行長，

　　　沒有祂的執行任務及力挺，

　　　我也幫不了大家。

訊：感恩執行長

凌5：35分　查，已入道場，功德量，徹底執行。

2021.12.19　凌5：32感受到，法術不入侵

查：是地球母親在幫我
訊：原來她能召喚天地

2021.12.20　訊：局勢已換
　　　　　　　愛，主導大局

2021.12.22　意向中，看到「狂賀」二字
查：新宇宙神權大贏

38

2021.12.23　午12點正，意向中，看見一個白色大砝
　　　　　　　在磅秤上，是蓋着的
訊：修行人，大家都要秤看看，自己有多重
　　凡事，量力而為。

2021.12.24　訊：若治不了，你的貪念
　　　　　　　講什麼，都沒用。
　　貪，五毒之首，神權的必考題。

2021.12.29　凌4:48分訊：怎麼就叫祂們師徒給翻了？
訊：指釋迦牟尼佛
　　藥師佛至下永恆女王
　　彌勒佛

訊：天命所歸。

凌 5：03 分，訊：女王，您為何能如此？
查：地球的神尊提問。
我答：體驗吧！
　　　修行路，一步一腳印，惟有您體悟了，
　　　　　功夫，才是您的。

2021.12.30　凌 4：01 分，看到一影像
查：創世主，在評分。

2021.12.31　訊：各星球參與，答謝（各自顧好自己
的星球）
查：創世主，准許
訊：道，趨勢，強勢運行
　　　新宇宙，下永恆，永恆運行，生生不息。

39

2022.1.1　神權人間，換代了
　　　　換釋迦牟尼佛、彌勒佛的經費，上市了

2022.1.4　訊：沒有靈體，願意，賠上累世修為。
　　　　　打道回府。

訊：仍然有一些不怕死的。

我答：那就受死吧

　　　應戰

下午，意向中，看見一提袋裡，有一隻收好的傘。

查：來自創世主，人間收工。

2022.1.5　意向中，看見一F答謝桌上，停了一隻蒼蠅

訊：修行路上，常贏。

2022.1.6　訊：新宇宙神權，為何能領導大家？

　　答：因祂總是幫着大家。

2022.1.9　午3點，意向中看見大量的流星雨，從天

而降

2022.1.10　訊：舊宇宙神權，與我對決

問：您憑什麼？擁有新宇宙？

我答：憑我還清舊宇宙神權的債務（業力）

訊：惡靈　去死啦，沒想到，您能成。

訊：過了

　　來自創世主的判決

　　新宇宙神權，大獲全勝。

2022.1.11　看見影像

查：創世主，訪談

喝酒，只為止痛及養魄，滿意結束（氣場祥和）

40

2022.1.12　看見影像
查：舊宇宙神權，交出管理權
　　希望在新宇宙，得到照顧。
答：各隨因緣，成。

2022.1.13　訊：原來，救世主　王慈愛
　　　　　　　是世界的燈塔
　　　　　　　宇宙的燈塔
☆　轉世到人間，是來學習的
　　並完成自己的使命。

2022.1.16　訊：地球出怪胎
查：來自地球神權
　　孕育出新宇宙神權女王
　　奇蹟發生，與有榮焉
訊，查：來自地球的神尊

2022.1.18　看見影像
查詢：地球神權
訊：愛死救世主　王慈愛

　　　　為大家帶來生機
　　　　並表達永恆效忠
　　　　新宇宙神權
　　　　　祈請，永恆，守護地球
答：知，收到
　　　女王靈體，新宇宙神權。
訊：甘拜下風
　　查：地球一切眾生。

41

2022.1.19　訊：您怎能如此？
查詢：地球的神尊提問
我答：天命所歸，我沒有退路
　　　　只能找出路
訊：領頭羊，不簡單
　　　何況是領神權。
訊：地球神權，心服，口服。

2022.1.20　訊：下永恆，新宇宙
　　　　女王的功德量，堆積如山，穩若磐石
訊：女王肉身王慈愛，享受福報了。
訊：創世主，主導
　　　　　　　我萬分感恩。

2022.1.23　訊：您怎能如此好？
　　　　　查：惡靈提問
我答：你沒有修行，無法領悟法要

凌 6：05 分訊：
　　　　　執行長搬資源，協助地球
　　　　　　協助女王肉身王慈愛
　　我萬分感恩
執行長：感恩女王，帶來新宇宙（氣場祥和）

2022.1.24　凌 3：55，真正可愛的女王
　　　　　　　愛呷凍未條（台語）
查：來自創世主
訊：難怪她會贏，一路贏到底
　　來自性，本性善良

42

2022.1.28　凌 5 點，訊：女王，您的愛，暖了大家
　　　　　　　變局（氣場觸動）

凌 5：05 分，沒有目的性，純粹因為愛
　　　　　打開困局
　我愛大家，新宇宙的所有家庭成員

訊：原來祂把大家當家人愛着

2022.1.31　訊：我立在大家面前是何身份？
　　　　　　答：新宇宙神權女王　王慈愛
　　　　　　我答：這不就對了嗎？

　　　　凌 4：50 分訊：正邪大戰

　　　　　　　　　　　　　　正 90%，邪 10%

　　　　惡靈大罵：去死啦
　　　　我們答：要死自己去，
　　　　　　　　我們不使用法術，不陪葬

2022.2.1　訊：愛，可以使一切轉變，變美好。

2022.2.3　訊：創世主通知我
　　　　　新宇宙神權大團隊，建軍已成
　　　　我萬分感恩，感恩力挺

2022.2.5　訊：真才實學，真修實行，
　　　　　　　　才能立足於天地之間。

2022.2.11　凌 4：13 分看見影像
查：藍光靈體，請示
　救世主　王慈愛，如何贖罪？
我答：不造新業，償還舊債

問：是不是走畜牲道，消業最快？
我答：是
答：這樣知，冒犯了，請原諒。

43

2022.2.11　凌4：44分，訊：對地球投下萬靈丹
訊：原來這就是新宇宙神權的能耐
訊：投降

2022.2.13　凌4：42分　看到影像
查：希望得到修行路的導航
我答：　2019預言到兌現
　　　　修行人的導航
　　　　諸佛問答語錄

　　　　　　　　　心法都在裡面
　　　　　　　　　如同中醫的四診心法
☆　一步一腳印，真修實行，才能立足於新宇宙神權

2022.2.14　早6：17分看見影像
查：大日如來請託
　女王，能否留下教法
我答：2019預言到兌現　是心法
　　　修行人的導航一書，較淺顯。

答：這樣知，感恩女王

2022.2.15　凌 4：34 分，看見影像
查：彌勒佛，已經打點好一切，讓我別擔心
　我萬分感恩，感恩有您
彌勒佛：對人的付出，充滿感恩
　　　　難怪會成就，學到了
　　　　感恩師父教誨
擊掌（意向中）

2022.2.16　凌 4：44 分，寬恕　　訊：您能如此？
查：釋迦牟尼佛提問
我答：師父，寬恕別人，自己也釋懷。

44

　　我們去賺，去開拓，
　　成果，比討報，來的好。
　答：知，謹遵救世主的教誨
我答：師父，您客氣了
　答：愛您這個弟子，引以為傲，走路有風。
凌 4：49 分　看見影像
查：是創世主　　問：女王，您是如何成就的？
我答：趕鴨子上架，我從未想過成就

　　　我只解決當下，所面臨的問題。
答：知，天命所歸，原來如此，
　　什麼人，做什麼，早已註定。
訊：創世主，對神權好奇。

凌5：25分　接受命運的安排
　　　　　　克服命運，完成使命

2022.2.19　凌3：33分　　訊，無形界認同新宇宙，下
　　　　　　　永恆已有8成，接下來9成，接下來10
　　　　　　　成。
我答：看結果

凌4：02分　　訊：不准走
查：創世主
　　　新宇宙，好不容易，有個主
　　　　我感恩，創世主的厚愛，
　　　　我不知，我是否能勝任，
　　　　下永恆，新宇宙神權的女王
訊：創世主
　　　　　　眾望所歸（氣場祥和）　外面雨勢加大

45

2022.2.20　訊：會陪女王肉身，走到最後
查：執行長
　我萬分感恩，您對我的幫忙，點滴在心頭

2022.2.25　凌4：16分　查：地球母親，幫我擋掉大
量的法術

2022.2.26　凌3：02分，看見影像
查：創世主評語：藥師佛居士林道場，功德量，嚇死人
☆　用法術搶
　　結果：短多，長空，甚至賠上累世修為。

2022.3.1　凌2：35分，訊　查：集體意識提問
　　　　　　　　　　　　　　如何能到達頂端？
我答：完成功德量，該位階的功德量。
訊：懂了，感恩女王開示

2022.3.2　訊：好自為之，地球人
　　　　　　　遇到偉大的人，帶來轉機
我萬分感恩
創世主的公正判決

2022.3.3　向外奪取，不擇手段，都是耗損福報，增
　　　　　加業力
　　　　　向內修正，付出，助大局，助國家，等，
　　　　　都是累積功德的。
天要賜給你的，不用搶，做就是，自然，水到渠成。

2022.3.4　凌4點，看見影像
查：彌勒佛提問，師父，如何能建立禮教？
我答：讓眾生領悟因果定律，種什麼因，就得什麼果，
　　　　懂得自律，約束自己，把人做好。
答：懂了，感恩師父開示。

46

2022.3.5　凌2：48分，看見影像
訊：女王，請回應一下，有事情請示。
查：大日如來
我答：請說
問：未來要如何管理好地球？
我答：隨順因緣，每個靈，每個修行人
　　　　都有自己的因果網，處理，解決自己遇到的問
　　　　題，自然水到渠成
　　　　成功的完成，自己的轉世使命。
回答：知道了，感恩女王開示

祈請女王，永恆關照地球

我答：地球，我的娘家，必須的，一定照顧

現在我已經為地球的黃金千年，買好單

為轉世地球的修行人，鋪好路了。

訊：感恩女王，有您真好

大日如來

燃燈古佛

感恩叩首

讚嘆，怎麼肚量，如此之大

難怪能當神權的女王

甘拜下風

凌3點　訊：地球第三任輪值佛

阿彌陀佛（西方佛）

阿閦如來（東方佛）

各自訓練自己的團隊

期望轉世時，建立功績。

47

☆　神識提問：如何才能能出離輪迴？

我答：停止討報

別人欠我的，不討了

我欠別人的，逐一還清

如此做，就能出離輪迴，不陷入輪迴的糾葛中，當您完成，神仙階的功德量，通過神權的考驗，就已經入圍神權，就完全的出離輪迴。
轉世人間，只是來展示才華，教化人間，完成自己的轉世使命。

2022.3.7　凌3：01分，訊：原來女王肉身，承受如此的痛苦
創世主：我們萬分不捨
判定：新宇宙神權，由女王　王慈愛主導
我答：感恩有您
創世主：為神權主持公道。

☆　不管神權或人間，面對你的苦難，我沒有選擇袖手旁觀，而是奮力一搏，盡力幫忙。

2022.3.9　查：釋迦牟尼佛　訊：抓到法要
　　　　　　　　　　　　　該如何做
　　　　　　　　　　　　　權力在我這裡
　　　　　　　　　　　　　驚伊阿爸（台語）

訊：報恩，向前走
　　互相報恩
查：來自創世主　感動人的世界，運行中

2022.3.10　凌3：31分訊：難怪伊做得大（台語）

願意幫人，願意幫大家，為地球所有修行人，舖好路
自己付費，難怪是新宇宙神權　女王　王慈愛
查：此訊息來自創世主。

48

2022.3.10　凌3：40分　看見影像
查：阿彌陀佛提問
女王，您怎能如此？
我答：時勢所趨，非我所願
訊：懂了，隨順因緣
我答：不愧是佛階，悟性之高
阿彌陀佛：向外，都是不對的，侵略，侵犯，
　　　　　只是在成就別人的功德量。
　我答：是，確實如此
☆　感恩啦，惡靈、惡人您傷我,不知還要成就我什麼？

2022.3.12　天命早已註定
　　　　　就像預言，早就寫在那裡，
　　　　　我若不去做，執行，解決每個當下
　　　　　所遇到的問題，就無法使預言兌現。
　　　　但，履行，權，責，
　　　　　怎知原來是大禮。
　　　　　安排我做新宇宙神權的女王，
　　　　　我從未想過，結果會如此。

☆　地球人，在這顆你們抱怨連天的星球，地球，我賺到盆滿砵滿。

2022.3.25　凌4：13分　訊：光的請求。問：該如何做？

我答：轉世去，尋求自己的立足之地。

訊：不經轉世的神靈，無法進入新宇宙神權

訊：懂了，感恩開示

訊：開路給大家走

下卷
救世主與出家人問答語錄

2022年6月25日（六）

救世主：我想要請問厴霖，他造訪的道場比較多，是否曾看到該道場有舍利子孳生？

是否有像藥師佛居士林道場般，大量的舍利子孳生。

知道爲何神權，位階的晉升，以佛教的稱號爲主嗎？

因爲，佛教在要求修行人，最狠，最嚴苛，直接以舍利子的有無，驗證該修行人的修行，是否得力。

⊙ 編者按：厴霖上呈相關資訊後，　救世主再進行開示如下

現在地球處於淘汰，淨化期。

上看下，一目了然。

下看上，茫茫然。

瞋心，狂心，是修行人，最難突破的關卡。

一切隨緣，面對地球的修行人。

我的使命已經完成，神權的改朝換代，地球的神尊，釋迦牟尼佛，彌勒佛已經接手管理地球神權。至於，地球人會如何，就各隨因緣。

舍利子的增生與否，和能否增加功德量，息

息相關。

愈想要，越得不到，是法要。

雲　深：感恩　救世主開示，
感恩叩謝

2022 年 6 月 27 日（一）

雲　深：回報　救世主：
地湧舍利，在花蓮吉安，以下是相關訊息。
厤霖　頂禮救世主
2022.06.27
⊙　編者按：相關訊息之圖片，略。

救世主：現瑞象在吉安，慶祝由藥師佛階，成立道場的
　　　　我，已經帶給大家，吉祥平安。渡過末劫，神
　　　　權的危機已除，剩人間了。
　　　　善惡大車拼，希望善人大獲全勝，地球順利進
　　　　入第五文明，太平盛世的兌現成真。
　　　　我查詢：地湧舍利，是由地球的無形界（神權）
　　　　所執行兌現。

雲　深：感恩叩謝

2022年7月3日（日）

救世主：藥師佛居士林道場，應推背圖的兌現，地處弓
　　　　形，在兔年100年，成立道場。
　　　　現在地球的局勢，走到生我者猴死我雕。
　　　　2016猴年，爲大局帶來生機，神權已經完成第
　　　　三宇宙的整頓。
　　　　會讓中共死的是美國，雕指美國。

雲　深：感恩主　感恩叩謝

救世主：今天創世主判決，地球進入重組。

雲　深：感恩救世主
　　　　如果有要傳遞的，恭請您再明示。政治比較
　　　　敏感，是否就不列上了？
　　　　另外，發現坊間有些解預言詩的，解錯了
　　　　【秘傳燒餅歌】正文
　　　　帝曰：末後道何人傳？
　　　　溫曰：有詩爲證
　　　　　　　不相僧來不相道，頭戴四兩羊絨帽
　　　　　　　眞佛不在寺院內，他掌彌勒元頭教。
　　　　「他掌彌勒元頭教」應該是說「他（救世主）
　　　　是彌勒佛的師父」這樣才對？

救世主：　是。

　　　　元頭教指神權的源頭。

　　　　是彌勒佛無法能及的。

就連我師父，釋迦牟尼佛都無法。

所以，你後面的解讀是對的。

　　　　　　神權在渡劫，2018年，已過。

　　　　　　推背圖預言：

　　　　　　否極泰來九國春，指中華文化分九國。台灣
　　　　　　國已成，中國人要如何分？看他們自己了。
　　　　　　和政治相關的部分，是推背圖，乾坤萬年歌
　　　　　　的預言，現在時局的變化，是所有神權的努
　　　　　　力所推進，渡過末劫，所以不用刪除。讓我
　　　　　　死，並不會改變什麼，再吵，頂多是大家同
　　　　　　歸於盡，再回世界末日？

雲　深：請示　救世主

　　　　　今日有地球人問我何謂三維？何謂五維？要
　　　　　如何揚升？

　　　　　厤霖叩請　救世主開示。感恩　救世主

救世主：

　　　　　三維，振動頻率在 4 至 7 赫茲。悲觀，恐懼，
　　　　　　　仇恨，負能量的情緒，就容易困在三
　　　　　　　維。

　　　　　五維，振動頻率最低 40 赫茲，最高到 100 赫

兹。正能量，慈悲，愛，和平，感恩的情緒，就能相應。

地球在 2020 年 12 月 21 日，已經全面提升至五維空間。心境揚升，才能和五維相應，才能不被淘汰。

雲　深：感恩　救世主慈悲

2022 年 7 月 14 日（四）

雲　深：恭請　救世主開示

您曾開示「不要幫人助念」。但麻霖（法明）在寺院，難免會遇到「有法師或居士命終，而寺院要我們一同去助念」的情形。麻霖在大眾之中，也不好說不去。

請示　救世主，如何因應為好？

麻霖若得前往時，是儘量心裡念六字大明咒。是否幫人助念，對方的冤親債主，會找上我們。是因為，我們是藥師佛居士林的弟子，所以比較容易找我們嗎？

因為，麻霖功夫不夠，是否心念請他們（指往生者冤親債主）找負責或領頭的法師為好

呢？
感恩　救世主
麻霖感恩叩謝

救世主：冤有頭，債有主，請各自找自己的冤親債主。
　　　　有事請找負責的法師。
　　　　使用者付費，我又沒收你的錢，所以不能來
　　　　找我。

雲　深：感恩　救世主慈悲教導

2022 年 7 月 15 日（五）

救世主：正心正念，才不會偏，才不會徒勞無功。

2022 年 7 月 24 日（日）

救世主：地球人，請不要恣意妄為，若是造業，使用
　　　　法術，耗盡運行黃金千年的功德量，地球將
　　　　會回到世界末日。

届時，新宇宙神權，只能觀望。我的師父釋迦牟尼佛，及所有的未來輪值佛，在修行領域神權，和我，已經懸殊非常大，能守成已經不錯，開創未來，是無法的，所以，若帶不動地球人，也只能觀望，反正，神權又沒差，而地球表達，不管幾億年，都願意等。

※　※　※　※　※　※　※　※　※

我很擔心，不知要如何做，今天去大安海域，呈現的天象，光碼並不好。
使用法身的神靈很多，加上地球人的貪婪，簡直沒完沒了……
想想辦法，如何讓更多人知道。
我也還在想辦法，應如何做？

地球的神權，拖不動地球人的業力，就會站在觀望，讓地球人自相殘殺，若是使用核武，大概會給外星人有接管地球的籍口。
我的安危，早就拋之腦後，希望大家都能平安渡過！

102

2022 年 7 月 25 日（一）

⊙ 編者按：
新宇宙神權女王——救世土王慈愛，於 2022 年 7 月 25 日向地球人說明大局。
關於此內容，經救世土王慈愛 2022 年 9 月 12 日指示，將中，英，日文，放於本書前頭，做為本書《一念之間，再回世界末日？》之序文。
請各位讀者，翻至「序文頁」進行閱讀。

2022 年 8 月 1 日（一）

雲　深：　稟報　救世主
　　　　　因為，還想翻譯成日文，有時會問周遭友人，不知，若讓他們（周遭友人，如 line 或 Facebook 認識的人）知道這些訊息，會不會對主，造成困擾？
　　　　　如果會的話，向您懺悔

救世主：困擾，也是必經過程，若是能有更多地球人知道並覺醒，地球人，才能更向平安邁進。

雲　深：謹遵　救世主聖意，那麻霖就繼續進行了。
　　　　恭請新宇宙神權，看護我主及其家人安全。
　　　　感恩叩謝

2022 年 8 月 9 日（二）

雲　深：稟報　救世主
　　　　今日（8月9日）出版社通知：《修行人的導
　　　　航》之電子書，已上架至平台。
呈報　救世主。
恭祝　救世主一切安好　輪值佛一切平安順利
麻霖叩呈
　　　　另外，麻霖要向　救世主懺悔。《修行人的
　　　　導航》當初在編輯時，因為趕著出版，且麻
　　　　霖當時即將去參加活動。所以，當時請出版
　　　　社趕工。出版的時間在 4 月 1 日，對世間人
　　　　剛好是愚人節。但願，不會因此影響大事。
　　　　麻霖向　救世主懺悔

救世主：隨緣，隨順因緣。
　　　　愚人，人愚。
　　　　修行人，要有成就，反而是要，把聰明的力
　　　　勁，學習愚人，憨憨做，才能有所成就。

雲　深：感恩　救世主慈悲開解，有您住世，眞幸福。

2022 年 8 月 11 日（四）

⊙　編者按：
　　厤霖收到一封來自 Avaaz 寄來的 email，標題爲「聯合
　　　國秘書長需要您的建議」。上呈　救世主後，
　　　救世主加以回覆。

救世主：若是能把運作資金，公布，透明化，即可以
　　　　更快速推進一切事務。
　　　　期待地球人，能各行各業，各展長才，我們
　　　　能在地球相遇，決非偶然，一定有您的使命，
　　　　須您自己完成。

※　※　※　※　※　※　※　※　※

救世主：名字上去也無妨。
　　　　怕死的話，就無法有所作爲。
　　　　餘生爲地球人奉獻，希望地球人走到平安。
　　　　你們自己也要小心
　　　　寧願爲使命必達而死，強過苟活。
　　　　我之前曾賴給達賴喇嘛，請他轉告美國，後
　　　　來才有川普，蓬佩奧挺台灣。

地球神權動員美軍加盟軍，保護台灣。
別擔心，顧好自己

※　※　※　※　※　※　※　※　※

救世主：對，能幫到多少人，各隨因緣。
　　　　付出的人，都功德無量。

　　　　其實，我們引以為傲的，不是神權成就。我
　　　　們驕傲的是，在漫長的轉世之旅，我們沒有
　　　　淪陷，不忘初心。

　　　　新宇宙神權，由大量的神尊，累世修為的積
　　　　累，努力打拚而成。

　　　　真心希望，地球人能珍惜，不要走回世界末
　　　　日。

雲　深：敬愛的主
　　　　這裡（我們引以為傲，我們驕傲的是…）為
　　　　避免地球人誤會，調整如下，是否可以？

　　　　「其實，我們引以為豪的，不是神權成就。
　　　　我們引以為豪的是，」
　　　　　　另外，如果有因緣，厤霖之後也去見見
　　　　達賴喇嘛，是否也好？

救世主：　不用刻意避免地球人誤會。

106

有自己目的的人，會刻意造假，不用理會。
有機緣見達賴喇嘛，也好，把完整的訊息，
帶給祂。

雲　深：感恩　救世主指點

※　※　※　※　※　※　※　※　※

⊙　編者按：
麻霖向　救世主稟報，「自己接到救世主賜的權柄法
　　　　杖，以處理相關事務」。
救世主對此查詢並開示。

救世主：我查詢：這是假訊息。
　　　　惡靈在騙你。
　　　　不用在意，外在的權杖。
　　　　心站在把事做好，才不會偏，考你時，才能
　　　　過關，每個修行人都是通過天的考試，才能
　　　　得到位階。

雲　深：眞嚇人。看來麻霖的心，還是有所求。
　　　　懺悔懺悔
　　　　以後，若不方便禮請主查詢時，可如何是好？

救世主：任何要給你什麼東西，好處，都是利誘。
　　　　神權，該位階的功德量一到，神權認證完，

該位階的法器，法力，自動配備，一點都不用擔心。
做事時，要用自然有，不用自然無。

雲　深：感恩　救世主開示法要。願我記入識因
　　　　厤霖 12 叩首　感恩　救世主

※　※　※　※　※　※　※　※　※

⊙　編者按：
救世主查，有大量法術干擾，請魏小姐教厤霖唸變億咒化解

救世主：物極必反，再變億倍，之後法術反而消失。

★　救世主教導的方式：唸變億咒，例如 108 遍的變億咒，將○○○身上的法術，以變億咒，再變億倍，再變億倍。直到法術消失

★　變億咒
唵　三拔惹　三拔惹　波瑪納薩惹　嘛哈藏
巴巴　吽　帕得　莎哈

2022 年 8 月 12 日（五）

救世主：2019 預言到兌現，我有增加說明，有空可以
　　　　來拿，也準備再版。
　　　　可以把書給達賴喇嘛，祂會知道，該怎麼帶
　　　　領大家。

※　　※　　※　　※　　※　　※　　※　　※　　※

救世主：有些事，隨緣就好。

2022 年 8 月 19 日（五）

雲　深：稟報 救世主，有三件事上呈。
一、　昨有一位法師，曾去印度見過達賴喇嘛。
　　　他說達賴喇嘛有「在台辦事處」，如果想寄
　　　書過去，可以問問辦事處。但，他問說是
　　　中文書嗎？他說「中文書，尊者看不懂，
　　　且辦事處會過濾。」
　　　請示 救世主，有需要與「達賴喇嘛在台辦
　　　事處」聯繫並寄書過去嗎？
二、　有試圖留一些信息給 YouTuber，但目前無
　　　人回覆。

三、　今日早上 9：05，麻霖感到在地球的孤寂
　　感，躺在床上。
　　一個不知來者的意念，他說：「王麻霖醒來
　　吧，從這虛妄的幻象裡醒來。就跟我們一
　　樣，你也是光之靈魂的一份子。」
　　麻霖問：「你是誰？」
　　他說：「我就是你。」
以上，麻霖叩呈 救世主

救世主：
一、　隨緣，隨順因緣。不用刻意寄書。
二、　沒關係。
三、　每個人都是光之靈魂的一份子，只是有些人
　　被物質世界的虛妄，迷失了方向，沒有什麼
　　是不用還的，只有沒有欠人，才能不用還。

※　　※　　※　　※　　※　　※　　※　　※　　※

救世主：連續三次，把毛豆剝皮，毛豆花生在大同電
　　　　鍋煮。五毛相鬥，奇蹟發生，我們要兌現世
　　　　界大同，太平盛世。

　　　　神權朝著這個方向推進。中共，解放軍互相
　　　　搶權，五毛相鬥上演。

　　　　新宇宙神權在我們道場，地球的神權在我們
　　　　道場，不用擔心，把自己顧好就好，亂世出

英雄，穩住自己，告訴麻霖。

雲　深：能與 救世主（聖主）同處於世，有緣得聆聽
　　　　您的教導，是麻霖從外星球轉世地球至今，
　　　　最感榮幸的事。
　　　　麻霖 12 叩首感恩 救世主
　　　　（下午 3：51 左右，意象中，見到書頁翻篇，
　　　　感覺自己的人生，也即將翻篇。感恩 救世
　　　　主一路導引麻霖回歸正道。）

救世主：翻篇了喲！

雲　深：（以前有一段時間，麻霖覺得自己是廢人，那
　　　　是麻霖很落魄的時候，那時很想了結自己。
　　　　感恩 救世主您賜予麻霖重生的機會，與活下
　　　　去的信念。）

⊙　編者按：珍惜生命，請勿輕生。

救世主：帶領麻霖發光發熱……
　　　　若是看到我們的書，而受益，而得成就，不
　　　　是功德無量？
　　　　就像曾經利益我的，達賴喇嘛，寬恕一書。

雲　深：有您真好

2022 年 8 月 20 日（六）

救世主：擴大思維，不要只將視野停留在人間的物資，
名聲，權力。

而要為靈性的增長，而努力，肉身一走完，
能帶走的只有修行領域的成就。

雲　深：「恭請 救世主慈悲開示：『吾等如何提升視
野？』厤霖叩問 2022.08.20」

救世主：宇宙浩瀚

站在學習，學無止境，把專長、才能先去幫
別人

教學相長，欣賞別人的才華作品，相對的，
也會吸引欣賞你的人，理念相合，珍惜彼
此，就會活得幸福快樂。

當如此做到，功德量一定增加，靈魂的層次
也會升級，層次升級，視野就提升了喲……

要改變當下與未來，只有先付出，對一切眾
生付出愛，只有愛對方，才能保護對方，捍
衛對方。

如同我愛大家，愛國家，愛地球，愛新宇宙，可以拚了命去做，不敢求一定會成功，但是當下沒有扛起責任去做，是不可能改變困境（末日危機，神權渡劫），如今成功了，心境，萬分感激，萬分輕鬆，萬分喜悅。

若是連地球的人間，都一起兌現太平盛世，那就真的是奇蹟發生，這是我們地球人，人人有責，須要一起努力的，講因果，現世報，為淨化社會風氣，盡一己之力。

我們出書，也是因為想幫大家，突破盲點。自己做到，才敢大聲。

我們的問與答，你也可以收集成冊，未來再出書。

儘管提問，同修的問題，也可以提問，但是必須告訴我，真實姓名及出家名。

鳳琪已經翻譯修行人的導航，一些日子了，她非常驚訝，可能冥冥之中，要她可以做，今年竟然不用上暑期輔導課。

雲　深：感恩救世主的循循善誘，痳霖頂禮救世主

※　※　※　※　※　※　※　※　※

救世主：讓我們為淨化人心，人間，再做努力，上至
神權，下至地府，都可以問，健康，醫學，
玄學，都可以問。
出家人，如何才能完成超渡亡魂，有興趣知
道嗎？

雲　深：麻霖想知道如何完成超渡亡魂。恭請　救世
主慈悲開示
恭請不如從命，那麻霖就「不客氣」地提問，
請　救世主慈悲教導我們了

救世主：要超渡亡魂，首先，要有功德量，例如你所
購買的產品，那家公司是積德的，產品是能
友善環境的。

　　　　例如：在某公司所購買，一萬元的產
品，功德量迴向給亡者姓名，可以祈請天地
作主。

　　　　事例：可以查一下日期，日月潭，水庫
缺水，九蛙露出，旱災嚴重，當時，我接受
祈請，大家捐款祈雨共 17 萬多，購買 2019
預言到兌現善書的功德量，順利完成幫臺灣
的水庫祈雨，解除了當下的危機。

　　　　後話：捐款者，功德無量，當時我公公

林秀麟捐了一萬元，也爲他自己後來能順利
圓滿神仙階作出奉獻，但重點也要人品好，
做人好，他在世一生零負評，我補足公公的
功德量之後，我的小叔夢見他爸爸，跟著佛
祖修行，很多人，他爸爸在其中。

善書也能超渡，重點是作者的累世修
爲，在神權的功績，功績愈大，效果愈好。

眞實事例：客戶，迴向功德量給他的亡
母，結果讓他夢見，找那家仲介，順利買到
房子，一圓房屋夢，夢中，他的亡母在划手
機，已經往生了十幾年。

⊙ 編者按：
關於「九蛙露出，日月潭缺水」一事，搜尋
到 ETtoday 2022 年 08 月 18 日的新聞〈日月潭又
要變日月草原？全台「3 水庫」蓄水量剩不到一
半〉。

其中報導道：「去年全台缺水堪稱 80 年來最
嚴重，僅剩台北翡翠水庫撐著，其餘水庫全部鬧
水荒，連一年四季都滿水位的日月潭都見底，所
幸後來 5、6 月的梅雨鋒面、西南氣流，加上颱風
接連到來，把水庫的水灌滿，才解除缺水危機。」

提問：2022 年 8 月 20 日（六）

救世主王慈愛開示
提 問 者：俗家名王厤霖，出家名法明
提問日期：2022 年 8 月 20 日（六）

一、聽說宇宙間有個「阿卡西資料庫」，有些人可以從
　　中獲取訊息，請問您的訊息是從中取得的嗎？

救世主：
　　「不是，我是直接和神權溝通。」

二、我們一般人如何確定，所「獲得/下載」的訊息，
　　是正確、符合真實狀況的呢？

救世主：
　　「由心去感覺，正心正念，無所求，所獲得的訊
　　息，才有可能是真的。」

三、很多現代人有精神、心理方面的問題，譬如憂鬱
　　症、躁鬱症，請問有沒有解套方法？

救世主：

　　「有，這些症狀，都是冤親債主所造成，提供足
　　夠的功德量，就能解冤釋結，若是有多世的糾
　　葛，就要多次化解。
　　地府隨著節令，一波波釋出索討訊息。」

四、目前遇到周遭人有許多問題，譬如親子關係不合、
　　情感關係不平等……，除了以往用「業力、冤親
　　債主」解釋這種狀況之外，是否有更符合現代人
　　的理解方式？
　　又，如果遇到上述問題時，如何解決？

救世主：

　　「還是業力，冤親債主的索討，可用功德量化解。」

五、請問大地之母蓋亞，有沒有什麼訊息要告知我們
　　地球人類？

救世主：

　　「大地之母蓋亞，亦稱地球母親，之前已經和地
　　球母親溝通過，若是新宇宙神權拖不動地球
　　人，神權會站在觀望，反正對神權而言，又沒
　　差，只是慢些年兌現太平盛世，地球表示，不
　　管幾億年，地球都願意等，以目前的情況，地

球都不會像火星一樣，連大氣層都沒了，因為
當時火星的科技，比現在的地球人更先進。」

六、「地獄不空，誓不成佛」是地藏菩薩的大願，請問
　　「地府/地獄」是不是還有空的一日？

救世主：
　　「地獄，新宇宙神權已經重新整頓完成，在 2018
　　年九月，目前，井然有序。」

七、地球上目前有一些「修行人」自稱成佛了，或自
　　稱彌勒降臨，宗教當中盡是亂象，請問新宇宙神
　　權是否能對此情形，加以遏止？

救世主：
　　「個人造業，個人擔，我記得當初有人假冒彌勒
　　佛，不到半年就死了，死亡時，年齡不大。
　　現世報：一，賠光累世修為。二，福報。
　　三，轉世空間。四、陽壽。
　　你的選擇，新宇宙神權都尊重。
　　沒有造惡不用賠的，神權徹底執法。」

八、地球上，仍有許多被販賣器官的殘酷情形，讓人

看了這些現象，感到很不忍心。這種現象，如何從世界徹底移除？

救世主：

「不再器官移植，肉身只是個殼，靈魂不滅，再轉世即可。」

九、身體健康是許多人所祈願的，但老、病又是生命（身體）必經過程，人們如何發現「更適當且不傷害他者的方式」進行醫療？

救世主：

「自然療法，中醫，預防醫學可以處理。」

十、延續上一個問題，肉身畢竟是在一期的生命中，讓我們暫時使用的，雖然我們有時要借由這個肉體來體驗，或行使任務，但往往我們受到這個肉體的牽絆太大。譬如種種隨之而來的痛苦，或隨之而來的欲望煩惱。神權之一的老子說「吾有大患，及吾有身；及吾無身，吾有何患」。那麼，我們要如何「在運用肉身，又不被它束縛？」

救世主：

「轉念，不要在悲傷，負能量停留太久，想想，

發生這件事，對自己的啓發，對自己有什麼好處，往好處想，就往好處發展。」

十一、聽說地球上早已發現永續能源，只是利益集團為了鞏固自身權益，而向大眾掩蓋真相。請問這個訊息是否正確？地球人如何發現並善用永續能源？

救世主：

「永續能源應該有，隨著時間的推移，當人類的靈性層級提升了，時機成熟時，自然什麼都會有。天地，大自然，人類愛護時，自然孕育豐富的資源給我們。

反之亦然，則反撲，如今 2022 年，八月，當下的環境即是。對人類算總帳了，若是有損失，人類當反思己過。

在神權眼裡，沒有人是冤枉的。」

十二、地球人，以往似乎被闇黑集團們刻意地，透過製造假訊息、不實的理論，或透過不公正的媒體，向世界隱瞞「歷史的真相、地球現況的真相、地外文明的真相……」。地球人「如何永遠擺脫這些闇黑勢力」，發現真實，並且永遠不被其操控。

救世主：

「自己不起貪念，天下沒有白吃的午餐，就不會
被害到。散播假消息的報應，大家都可以陸續
看到。
廢除高法身，法身的制度，就是在處理這些亂
象。」

十三、前陣子，聽　救世主說地球上還是有人使用法
術，如果有人遇到魔法、法術、符咒、降頭、
蠱毒，請示　救世主，應給何化解？又，新宇
宙神權是否打算讓上述這些奇怪的現象，從各
宇宙間「徹底移除」？

救世主：

「可以使用變億咒，化解法術。
比較重的，須用功德量才能清除。」

⊙編者按：「變億咒」及其使用方式，請參照「2022
年8月11日，救世主的開示」。

十四、同性戀，在地球，透過媒體、電視劇、網路、「先
進國家」等的推波助瀾，似乎日益普遍。救世
主曾開示「不要搞同性戀」。然而，同性戀者卻
說「love is love」或「愛不分性別」。請示　救世

主：您如何看待這個現象，對地球人有何建議？

救世主：

「同性伴侶，靈魂相愛，我們尊重各自的選擇。但是我覺得，美中不足，陰陽調和，才是真正的幸福生活。」

⊙編者按：救世主於 2022 年 8 月 24 日，對同性戀這則有補充，請翻至該日期參照）

十五、隨著地球氣候異常，冰山融化快速。有人說，這是人心異常所致。請示 救世主如何因應這種變化，如何改善？

救世主：

「當地球人心向善時，災難才有平息時，地球人迷失在不擇手段的搶奪，殊不知，沒福報，到時候，一場空，個人如此，國家如此，星球如此。」

十六、這是一個，個人的小感慨。

覺得地球人還是很固執，包括許多「認真修行的修行人」也是很固執己見，感到：我們大多數地球人，似乎很不容易像您一樣，能「如實地」

更新到當下到訊息。

前陣子，和一、二「老修行人」分享《2019：預言到兌現》及《修行人的導航》，我隱隱約約感受到他們的質疑。佛弟子恭敬木雕、銅雕、泥塑的形象，卻不知「救世主王慈愛（之前是藥師佛階）與我們地球人同處於世」的殊勝因緣，我一方面慶幸自己遇此勝緣，一方面又對「世人的未知、不知」感到有些莞爾與感慨。

想必您是不會在意這些的，就隨因緣吧。請您及新宇宙神權慈悲，加被弟子麻霖能有勇氣繼續傳遞「您的教義，以及真相」讓世人瞭解；能以慈悲心與智慧，心平氣和地渡過被質疑乃至攻擊的狀態。祝願地球人，能理解真實、真相，能順利落實心性，提升維度。

感恩救世主，感恩新宇宙神權，感恩地球母親。

救世主：
「去我執，是修行人的必考題。
　不必在意，佛渡有緣人，一切隨緣。」

2022 年 8 月 21 日（日）

救世主王慈愛開示

「佛經，我記得應是金剛經：無我相，無人相，無眾生相，無壽者相。講的就是去我執。

我們台灣，為何會災難少一點？
因為，我們善良的人多一點。
平時有受到您的照顧的，才會力挺你。

佛與魔，在一念之間。站在防衛是功績（功德）。若是入侵別人，別國，別星球，都是業力。
請在書中加入

此書的收入，用於藥師佛居士林道場的運作經費及善因緣，理念相合的團隊。

新宇宙神權，第一任輪值佛由釋迦牟尼佛，彌勒佛擔任。

購買此書的有緣人，您也間接參與護持由釋迦牟尼佛，彌勒佛所主導的藥師佛居士林道場，功德無量。

第二任，由大日如來，燃燈古佛出任。

若是有意願幫我們經銷的道場，我們讓利給他們。

⊙　編者按：救世主曾指示，藥師佛居士林道場不募款。

雲　深：謹遵　救世主意思，會收錄書中。恭請　救
　　　　世主慈悲，再審訂此書訊息。（另外，麻霖不
　　　　太會管理金錢，到時是否請　一正信、公正、
　　　　不貪的人能發心協助計算相關費用？）

救世主：我們再討論。

救世主：麻霖我們先付出，讓釋迦牟尼佛，彌勒佛先
　　　　穩住，全心力守護地球，先顧大局，不用爲
　　　　道場的運作經費再操心，後面，佛會幫你的，
　　　　這樣可好？

雲　深：I do（我願意）　麻霖謹遵　救世主旨意

2022 年 8 月 22 日（一）

救世主王慈愛開示
　　神權商討後決定：賣書收入，扣除成本，如何分
　　配，列表，公開明細，把收支表放在道場。每個
　　人生活都好過，是神權的宗旨。

　　沒有福報的人，留不住錢財，搶也沒用，早晚要

吐出來賠的。
這就是爲何眾生總是困在輪迴。

請告訴麻霖，到時候印書的錢，可以道場先支付，
賣出後，足額再還道場即可。

因爲釋迦牟尼佛，彌勒佛，須在完成使命之後，
才會曝光身分。
所以，信仰，這段時間的空窗期，就由我的導引，
出書，來渡有緣人。

提問：2022 年 8 月 22 日（一）

救世主王慈愛開示
提問者：俗家名王麻霖，出家名法明

一、請問藥師佛居士林的核心宗旨與精神爲何？

救世主：
　　藥師佛居士林的宗旨：生存的空間，不要有法術。
　　眞修實行，讓愛好和平，自由，民主的人，理念

結合，一起打拚。兌現太平盛世，神權努力的方向與目標。

二、您曾經開示道：「昴宿星，就是東方淨琉璃世界」，請問您，如果要用「維度」這個詞彙來形容，那麼，當時東方淨琉璃世界已到達哪一維度？

救世主：

你解讀錯誤，我不曾説昴宿星是東方淨土。

不能用維度形容東方淨土。

維度只能形容該星球的狀況。

三、承上，而後您有一次說「宇宙能量中心，是東方淨土的上司」，東方淨土（東方淨琉璃世界）已是佛國。那麼，「宇宙能量中心，是東方淨土的上司」這個說明，表示著「在地球上，佛弟子所認知的『佛』之上，還有更高層次的存在」，是否我們可以如此理解？未來的地球人，如何突破既有的思維框架，去認識到這樣的概念？

救世主：

法界能量中心是東方淨土的上司。

地球人的視野，在釋迦牟尼佛的所見，三十三重天。

實況是不止，之前有二百多重，但是神權整肅之後，已經發生變化，這對地球人來說，太遙遠。目前，地球的神權：由釋迦牟尼佛，彌勒佛主導，一切眾生，接受祂們的動員。

台灣，很多外國人來訪，大多是新宇宙神權在動員，神權在護佑著台灣人民。

四、在舊宇宙神權覆亡，而新宇宙神權建立之後，我想，這其中最大的改變就是「法身、高法身制度的廢除」，而廢除的原因，是「法身和高法身，也在使用法術的情形。」

在佛弟子的認知當中，「法身」似乎是修證至一定程度才達到的，可能也很難想像「法身」之上還有「高法身」，可能更難理解「法身和高法身，竟然會去使用法術」。

您能否為我們解說

（一）當時的「法身、高法身」是什麼概念呢？

（二）這個概念，是否概括了當時「某些佛、菩薩……」

（三）如果，「法身、高法身」也概括「某些佛、菩薩……」的話，在我們認知當中，「不退轉地」以上，已經不會再退墮了，怎麼還

會去使用法術造惡，乃至墮落呢？感覺與我們以往的認知迥然不同。這其中，究竟發生了什麼問題？這反而比較像我們聽聞的墮落天使，而比較不像我們以往認知到的「不退轉地以上的佛菩薩」。

（四）或者「法身、高法身也使用法術造惡」的概念中，其實「不概括」佛、菩薩？

救世主：

（一）法身的位階由低到高，土地公，神仙階，尊者階，菩薩階，佛階（又分最低白光，綠，藍，紅，金光最高各佔 20%。）

（二）高法身，已經是永恆靈體，是永恆存在，也因此永恆存有，最後由搶佔功德量，不具備真正的德性，法力，而使用法術，又多層佔居高位，終究使得舊宇宙神權，業力高張，敗光舊宇宙神權的統治權。
多層（多重天），印象中有二百多層（重天）

（三）對於權力的迷失，想要不勞而獲，是墮落的主因，才會使用法術，如今，全部受報了。
真修實行，通過天的考驗，才能成為不退轉地以上的佛菩薩。

（四）使用法術而含概佛，菩薩，這純粹是各自的選擇。

大部分的神，佛都選擇不造惡，而順利的渡過末劫，這也是目前新宇宙神權的主力的來源。

因為，我們的主張，要死，讓使用法術的去，就好，我們不陪葬。

終究：邪不勝正。

五、曾聽您說，宙斯也是法身（還是高法身？）的存在，但當時因為使用法術，業力爆表，而最終消失了。

這種感覺，相當奇特。奇特的點在於，原來一些「一些神話傳說裡的人物是存在的」，而且，祂們竟然也有所謂的「法身」，不但有法身，而且還使用法術。您也曾開示說：「法術是阿修羅的產物。」

請問您：

（一）宙斯應該是神權之一，何以會去使用「阿修羅的產物——法術」？

（二）宙斯、阿修羅王、梵王帝釋，在當時，分別是怎麼樣的概念。

（三）聽您說：現在的地球人，還是有人大量使

用法術。

想請教您：是否有徹底將「法術」從各宇宙「delete」的方式？

救世主：

宙斯是高法身，是業力爆表，直接消失。

宇宙中，有股箝制神權的力量。

（一）想要搶佔功德量。

（二）宙斯：是神權，我們區域的統治者。
阿修羅道，修羅王是舊宇宙配合神權，冤親債主的索討，配合執法的靈體，如今已廢除。
現由新宇宙神權，執法機器人取代，結算，執法速度更快，兌現善有善報　惡有惡報……都是自己做的，神權只是執法，公正無私。
梵天帝釋是天道的統治者。
如今，天道已廢除。

（三）地球人起貪念，以爲害人，掌控人造業不用還，其實，這是迷失。
連神權造業都要還的，舊宇宙神權的崩潰，就是例證，更何況是人類。

如今，全球各地的受報，天災人禍即是，沒有人，沒有國家，是冤枉的。

廢除高法身，法身的制度，廢除天道，阿修羅道，餓鬼道，這些就是亂源，肅清亂象之後，就不會再有法術了，害人，只是在成就被害人的功德量而已，感恩啦。

修行人用咒語，功德量（善行）對治之。

六、曾經聽說「我們每個人，本來都是佛，只因一念無明，而退墮」的概念。請示 救世主，上述這個概念是當時宇宙間的真實情況嗎？

據說，佛，這個概念，是完全覺悟的存在。何以「本來是佛」還會「升起一念無明」？既然「已是完全覺悟的存在」，怎麼又會容許自己升起一念無明？就這點而言，我們無法想像，恭請您慈悲為我們說明。

救世主：

想要更高的權力，才會退墮，因有高法身，法身的制度，才會讓惡得逞。

升起一念無明，是沒通過神權階段性晉升的考核，佛，只是面對更嚴苛的考驗，基本上，要真修實行到佛階，已經是相當優秀的修行人。

因為，佛教對修行人的要求最嚴苛，以舍利子的有無，驗證修行得力與否。所以，翻轉宇宙，由佛教擔綱。

⊙ 編者按：在「提問：2022 年 9 月 12 日（一）」的第二題，為「舍利子」相關提問，請翻至該日期參照。

七、近來有一個論調，叫作「地球監獄說」，大致的概念就是有「科技較高的外星人，或維度較高的存在」在地球設置了一層結界，只是靈魂想突破這層結界時，就會被這層結界裝置「捕獲」。一旦被補獲，就會被清除記憶，然後再放回地球。而只有修持至一定程度，譬如說要離開「結界裝置」時，能不起心動念，如此就不會被裝置捕獲，而能離開。

請示 救世主：

（一）真的有這層結界裝置嗎？有的話，是誰設置的？為什麼要設置？

（二）怎麼聽起來，有點像是「三界」的概念。當時地球的實情，真是如此嗎？地球當時的狀況是如何？地球當時真的是一個監獄嗎？

（三）而近年來，宇宙間重整，地球的狀況，應

該是與當時大不相同，請問您：地球的現況是如何呢？

救世主：

地球監獄，是因爲維度低，在三維。

而外星大部分，維度較高，科技也較發達，意識（神識）修到佛階，就能出得去，困不住的。UFO飛碟的趨動，就是修得好的神識，才能啓動的。

（一）結界，困不住眞修實行的修行人，我就衝出去了。

（二）如今，地球已經提升至五維，保持樂觀，愛，和平，感恩等正能量，就能和頻率最低 40 赫茲，最高 100 赫茲，相應，也才能走到未來。

停留在仇恨，恐懼，悲觀等負能量，才會和三維的低頻，4 至 7 赫茲相應，這是會被淘汰的人。

八、聽說：地球的內部有住著「地心人」，而他們的維度或科技高出「地表人」太多。眞的有所謂的「地心人」嗎？如果有的話，有沒有可能邀請她／他們一同爲守護地球而努力？還是，地心人其實也守護地球很久了？我想，如果地心人願意共同守護地球，將會是我們相當大的正向助力。

救世主：

地心人，擔心地表人，戰爭，核戰，會毀了自己，讓地球人再走回 2012 世界末日。

地心人，已經知道，救世主王慈愛，已經帶領神權，渡過末劫了。

守護地球，善靈一直以通靈的方式在導引地球人，守護星球，新宇宙，這是大家共同的使命與責任。

九、2022 年 8 月 20 日，您指示「儘管提問，同修的問題，也可以提問，但是必須告訴我真實姓名及出家名。」

　　麻霖目前已告知一些修行人：「請問，你有修行上的問題解不開，要提問的？學人剛好認識一位善知識，可幫您提問看看。不過，說要提供姓名和出家名，且之後會收錄到書籍中。」

向 救世主回報：
A. 所問的修行人中，目前沒有人提問。
B. 可以問他們姓名和出家名，但，可能大多數的人不會想把「真實姓名和出家名」列到書本中。

　　請問您的意思是：到時，是要把提問者的「真實姓名和出家名」一並放入書中嗎？如果需要的話，是不是用「王○明，出家名

釋〇明」的方式？

救世主：

　　眞實姓名，眞實記錄。

　　神權會究責，我們做任何事，都要負責的，天給神尊，權力，就會追究責任。

　　若不願出示眞實姓名，代表不想負責任，那就不用問了。

　　神權付給我的酬勞，最低，三宇宙，月薪折合新台幣，九千億兆元，其他更多，我的薪資很貴的。

十、承上，「未出家的人」也可以提問嗎？還是只限定讓「出家人提問」？

　　　　目前，在大家還未能理解「這十多年來宇宙間發生大事」的前提下，可能提問者不多。所以當前還是以厤霖作爲主要的提問者，祈請 救世主王慈愛慈悲，新宇宙神權慈悲，加被厤霖能做出「眞正能利益到地球人的發問」。也期待厤霖能遇到「與此相應，且性格正直、柔和不剛強」的人前來相助。

救世主：

　　未出家之人，亦可提問。

　　但我建議，先看過修行人的導航一書，再提問，或許，看完，您已經找到答案了。

理念相合，一起打拚，地球兌現太平盛世，和平，民主，自由，想加入的人，一起來，不想被惡勢力統治的有志之士，就加入我們的行列，點，線，面，各盡一己之力，各司其職，各展長才，這世間就是我們的舞台。

我以身爲台灣人爲榮！
我以身爲地球人爲榮！

優秀的地球人，我們已經創造地球歷史的奇蹟，
每一次文明的結束，地表均是無一生靈。
讓地球人穩步的邁向黃金千年！

※　※　※　※　※　※　※　※　※

雲　深：「請示　救世主：『厤霖周遭的同修、朋友、親戚友人，比較相應者，是否也可以開始與她們／他們得知《修行人的導航》一書？譬如，厤霖可購買書與他們結緣？』」

救世主：讓他們自己買，自己有付出，才能有所得。使用者付費，沒有付費的人，學不到任何東西的。
那本書，可以解冤釋結。

雲　深：好的，感恩　救世主指點。那就隨因緣唷，

他們有因緣看到此書時，他們想買，再讓他
們自己購買

救世主：也可以化解考試的阻礙，自己體會就知道。
　　　　如同間接護持道場的功德量。

雲　深：相當感恩

救世主：之前，藥廠他們有買很多本，約 30 本，當善
　　　　書和人結緣，累積自己公司，個人的功德量。
　　　　這是神權在主導，不是厤霖能做到的程度。

雲　深：感恩　救世主，感恩　神權。
　　　　厤霖的確還有許多不足之處，感恩您們慈
　　　　悲，如果不是您們主導這些事，這些事也不
　　　　會如此順利。

　　　　厤霖需要學習與調整的，還很多。
　　　　祈請　救世主、新宇宙神權能於百忙之中，
　　　　不吝再持續引導厤霖提升心靈層次
　　　　厤霖相當感恩

救世主：狂心若歇，歇即菩提。
　　　　執行長，厲害的地方，我一路上去，這一尊
　　　　從未讓我感受到有任何絲毫的狂妄，是尊能
　　　　力，執行力超強的永恆靈體。

要知道，祂的角色，是我過去世的上司。

雲　深：是，麻霖願意繼續修正自心。

救世主：(讚)
如果敏銳度夠的人，應該從 2018 年以來，人間連農曆七月，都漸漸的不再陰森森，今年的農曆七月，更是明顯的無感，就跟平時一樣。這就是執法機器人的執法成果。

再次查詢確認，地府整頓完成的日期是 2017 年 9 月 24 日，井然有序，全部由機器人執法。人間冤親債主的索討(大局恢復執法)開始進行。

雲　深：感恩　救世主，您們辛苦了。

2022 年 8 月 24 日（三）

救世主：
同性戀那則，我補充說明。

在我層層的挑戰成功，順利往更上層時，我發現一個現象，有的層（重天）是單性，有的層

（重天）是雙性，那時，我走到第六方法界上司那一層，我曾請示總指揮，爲何之前的上司是單性，整層全是男性？須要幫忙嗎？

第六方法界上司，回我，不用理祂，因爲祂們不願意把功德量分享給妻子。

第六方法界上司總指揮夫人，讓我印象深刻，惟一能幫丈夫扛著責任，上戰場指揮的女性，因那時 24 小時作戰，日夜無休。從第六方到十四方，法界統一和我對接的平台，就是第六方法界上司。

我的感受，雙性的那層，充滿溫馨，幸福，美好。

單性的那層，總是透著孤單。

藥師佛居士林的所在地，呼應著推背圖的預言（在 2019 預言到兌現一書，我有說明，此處不贅述）。

記得當時，法界總舵要在地球兌現彌勒淨土（因爲我帶領地球的神尊，加上如來助戰，已經完成功德量）當時，有三百萬尊金光如來，跑來地球抗議，當祂們莅臨藥師佛居士林道場，發出嘲笑聲，嘲笑我們的道場座落於民宅（劉伯溫有預言：未來教主，降至尋常百姓家），但後來我

以實力，讓金光如來，收掉狂妄，助地球從三維
升到四維空間。

⊙　編者按：此處，「同性戀那則」指的是「提問：2022
　　　　年8月20日的第十四題」，請翻至該日
　　　　期參照

提問：2022年8月24日（三）

雲　深：請示 救世主
一、

（一）那麼，何以，聽說以前的西方極樂世界都是善
　　　男子，而無女子。以前聽一些法師說：「都是
　　　男子，比較清淨。」未知此意為何？還是，那
　　　裡其實也隱約透露著孤單呢？或者，那裡已超
　　　越前頭所說，不能用「單性或雙性」的概念理
　　　解，而是「純然清淨」的所在？

（二）當時的極樂世界，也在其中一重天嗎？還是，
　　　它也超越了「哪一重天的概念」？

（三）現今，阿彌陀佛，有重建淨土嗎？想往生到祂
那裡去的人，還有沒有機會？有的話，她/他們
可以怎麼去？

二、我無意去貶抑「佛」，畢竟我的程度是「很低很
低很低很低」。只是，很難想像，都修到「金光
如來」的位階，何以還會「發出嘲笑聲」。
　　請示 救世主「何以有此情形」？在我們以前學到
的觀念裡，「佛」這個概念是「完全完美的存在」。

救世主：

一、

（一）聽說什麼，佛經怎麼說，或許都是依那尊修行
人的見聞。

　　在我全部走完，分享給大家的是實象。

　　性別，在修行領域，並不是特別的重要，當
修到圓滿尊者階時，該修行人能自己決定再轉
世的性別的。

（二）是，極樂世界，是其中的一重天。

（三）以後人間即是淨土。

想再跟阿彌陀佛的人，把人做好，好好修行，有緣即會再遇阿彌陀佛。

第三任輪值佛：阿彌陀佛，阿閦如來擔任。

二、一直高高在上，久了，就會看不起人，何況，神權，一直以來，都是男性為主。

佛，在比祂低階的神或人，面前，自然是完美的存在。

當到達的位階時，起了狂妄之心，該修行人，就會停留在那個位階，直到該修行人自己突破盲點，克服自己的狂妄之心，才能有機會，挑戰更上一層樓。

這樣能理解，為何我一直強調，狂心若歇，歇即菩提了吧？

2022 年 8 月 25 日（四）

救世主：

創世主，有示現信封給我看，我查詢，創世主判我們贏，要送我們大平安。

九月是酉月，雞月，當時舊神權就是雞年倒的。

我看中共的天災不斷，可能真在九月會解體中共……

我力邀麻霖，挺過去，一起見證此事，中共解體，我從 2019 年，努力到現在。神權的使命，中共不倒，地球無法有太平盛世，人間淨土，天堂。

2022 年 8 月 26 日（五）

⊙ 編者按：

　　事緣：痳霖心臟虛弱，內臟及至呼吸有些問題，生命無常，憂心自己突地離世而工作未竟，請示救世主是否有人接手相關工作。

　　救世主慈悲，出手相救。教以護持藥師佛居士林道場之功德回向，並賜予人蔘及茶。

救世主：有體會功德量的威力了嗎？

　　在感覺快要死了……足夠的功德量解冤釋結，一切才能有轉機……這是西醫，中醫等所有的醫療，束手無策的部分，玄學。

提問：2022 年 8 月 26 日（五）

救世主王慈愛開示
俗家名王厤霖，出家名法明提問

敬愛的救世主王慈愛 您好
今天是農曆七月三十日，厤霖想請教您與「地府」相關的問題，感恩您慈悲予以發問機會。

一、「地府」即是「地獄」嗎？還是，是在「地府」之中，另設置有「地獄」存在？

救世主：

　　地府即是地獄道。
　　但新宇宙神權，在地府另闢空間，各隨位階，禮遇所有的神佛菩薩，所有的修行人。

二、8 月 23 日您為我們說明您查詢的結果「再次查詢確認，地府整頓完成的日期是 2017 年 9 月 24 日，井然有序，全部由機器人執法。人間冤親債主的索討（大局恢復執法）開始進行。」
　　地府，除了執法機器人之外，現在有所謂的「管理者」嗎？

救世主：

　　除了執法機器人執法。另有神佛菩薩的團隊，各
　　自為轉世人間做準備，在各自的空間，講述佛法，
　　修行法。這也是一股責任制的穩定力量，所以，
　　地府，井然有序。
　　已經不再是舊宇宙神權形容的地獄模樣了。

三、在舊神權當中，有東方所謂的「閻羅王」，西洋
　　則有所謂的「冥神歐西里斯」。

請示您：

　　（一）當時他們是同一位？還是，是同樣位階的
　　　　　存在？
　　（二）隨著新宇宙「法身、高法身」制度的廢除，
　　　　　祂們是否也已轉世到人間？而在人間繼續
　　　　　行使其任務？

救世主：

　　（一）現在已經沒有閻羅王。
　　　　　由神權統一處理，各隨因緣，各有去處，
　　　　　執法機器人，處理的非常好。

　　（二）都轉世到人間，有的在畜牲道受報，堅持
　　　　　不使用法術造惡的神尊，也分批轉世到人
　　　　　間，再次取得神權的認證。

神尊，不管在任何位階，都須轉世過，才能取得新宇宙神權的認證，無一例外。

連執行長也是轉世過，只因高階，法力強，速度快，迅速完成轉世，取得認證。

在人間，現在已經有非常多的神佛菩薩轉世人間，所以我常常說，與人相處，互相尊重就好，因為你不知道，你會遇到誰？外星，靈的級別，可以看得到，希望未來地球也能。

四、 俄羅斯，1970 年，那時還以「蘇聯」存在的時候。他們向下鑽井，即「科拉超深鑽井」。有資料顯示：「21 世紀初，由於財政困難及缺乏國家支持，『科拉超深鑽井』計畫被決定徹底關閉。」但這似乎是官方說詞。另有一說：當時挖到一定深度時，探測者向深井放下錄音設備，無意間錄下眾多人的慘叫聲，甚至還看到有「不明生物」從鑽孔飛出，當時的探測實驗中止，所有設備丟棄原地。

請示 救世主：

（一）這個「科拉超深鑽井」真的挖到了所謂的「地獄」？

（二）「地獄」、「地府」真的在「地下」嗎？而不是另一個空間維度嗎？

（三）這是不是當時的神權藉此要讓人們了解「真的有地獄存在」呢？

救世主：

（一）以他們的形容，應該是碰觸到地獄道的空間。

（二）整頓過後，和以往不同，現在已是五維，所有的不好隨著三維空間消失。地府是地下，所延伸，各隨所須，另闢空間。

（三）之前神權所形容，是當時真實的存在。那時，我曾和閻羅王交手過。推背圖預言：有一句，上迄雲霄，下及泉。就是在形容連上至天道，神權，下及地府，都在使用法術搶權力的亂象。

五、在〈永嘉法師證道歌〉中有云：「夢裡明明有六趣，覺後空空無大千。」當然，在您的揭示下，我們得知：現在，在新宇宙中，已修訂為「人道、地獄道、畜生道」。

　　但是，不論是六道，或三道，「夢裡明明有六趣，覺後空空無大千。」這句話，究竟如何解讀為好？

　　這句話，有的人解讀成「覺悟後，哪一道都沒有了」，但這種解讀，讓我隱隱覺得奇怪，卻不知怪在哪裡，彷彿是「還未証悟的後人，試圖地解讀，但又解讀得『不到位』」之感。

　　恭請救世主，為我們開解「夢裡明明有六趣，覺後空空無大千」這句話的真實意義。感恩您

救世主：

　　六祖惠能：菩提本無樹，明鏡亦非台，本來無一物，何處惹塵埃。

　　前輩所言：此是選佛場，心空及第歸。

　　更能形容這個意境。

六、　承上，恭請救世主，為我們開解「納須彌於芥子」這句話的真實意義。感恩您

　　　另外，想請教您，宇宙間真的有所謂的「須彌山」嗎？還是這只是個譬喻？

救世主：

　　納須彌於芥子，這是高法力的展現，要用自然有，不用自然無。

　　須彌山，是真的有。

但那和您的修行有關係嗎？

神權的晉升，只看功德量是否完成到該位階，所以，還是真心，把事做好，才能有實質的效益，何況，當您想著如何解決問題，把事做好時，才能激活神性，才能有奇蹟發生。

七、之前，在您大力推動下，您曾說：地獄一度已空，地藏菩薩，那時已成佛。（關於這段，厤霖不確定有沒有記錯）。

請示 救世主：

（一）恭請您為我們說明那時的因緣及實際狀況。

（二）截至目前，在您開示的信息中，厤霖感覺「地獄好像空沒多久，又開始有人進去了。」那麼，地藏菩薩成佛了，祂現在是以「佛」的姿態／位階，繼續救助眾生出離地獄嗎？還是，又示現菩薩之姿呢？

（三）眾生要怎麼樣，才能不再墮地獄呢？

（四）有時想修正自己，好讓自己不墮地獄。但習氣、業力的力道真的很可怕。除了「持續懺悔、持續修正」之外，您有什麼想建議我們這些「迷途的遊子」？

救世主：

(一) 地藏王菩薩的執行力十足，在我們打拚彌勒淨土時，祂是當時得力的先鋒戰將之一。

(二) 也因助戰，快速完成功德量。地藏王菩薩已經成佛了，晉升佛階，我查詢：現已轉世人間，繼續修行領域的圓滿。

神權：一向了了分明，功德量一到，該給您，一點都不會少。

例如：之前的法界在 2013 年底，已經給我管理一個銀河系（有 40 個星系，例如太陽系）。

(三) 把人做好，入圍神權（功德量一到神仙階）就不再墮地獄，任何時間轉世，第一要求，自己不迷失，才不會賠上累世修為，再隨因緣時機，挑戰進階。

(四) 都是自己的選擇，當你自己要變好，絕對可以戰勝自己的習氣，可以用善心，善行，購買善書與人結緣，若受者受益，更或開悟，不是功德無量，功德量更可以化解修行路的阻礙。

八、現今的超渡儀式、法會的作用還在嗎？

您曾開示：佛經要法身佛名作主。因此，您建議以「唸咒迴向」。但世間人多半還不知曉這項調整，因此很多儀式還是以誦經為主，如果又加上「舉辦這些法會的人動機不純正」，大概其效果有限。

救世主：

隨著末劫已過（神權在渡劫，2018 年就過了）佛經已經無用。

超渡，須有足夠的功德量才能辦到。
法會，須有真修實行的修行人，持咒，才會有用。
例如：達賴喇嘛尊者，是以圓滿尊者階的法力持咒，所以，是看誰在做，不是全有用。
所以，宗教，很多已經淪為有心人士的斂財工具了。

個人造業，個人擔，早晚要還的。
我們做好自己即可。
以上，連九，一起回答。

九、以前「法會」的意思是「以法會眾」，以協助人們了解乃至覺悟「宇宙運行的規律（道）、因果、做人的道理」等。而今，似乎變成「祈福、超渡」的儀式，對此，個人感到蠻可惜。
想請教您，對此有什麼要建議地球人的？感恩您。

（請參見第八點，救世主之開示）

十、請示　救世主：

（一）現在，在新宇宙中，「餓鬼道、天道、阿修羅道」被廢除後，會是以「靈魂」的狀態存在嗎？

（二）請問「中陰身」是什麼狀態呢？現在還有所謂的「中陰身」嗎？

（三）在《地藏經》云：「世尊，習惡眾生，從纖毫間，便至無量。是諸眾生有如此習，臨命終時，父母眷屬，宜為設福，以資前路。或懸旛蓋及燃油燈。或轉讀尊經、或供養佛像及諸聖像，乃至念佛菩薩，及辟支佛名字，一名一號，歷臨終人耳根，或聞在本識。是諸眾生所造惡業，計其感果，必墮惡趣，緣是眷屬為臨終人修此聖因，如是眾罪，悉皆消滅。」

以新宇宙的規律而言，人，在臨命終時，如果自己意識還清楚的話，自己要做什麼事，是最有益的？

又，其他人，做什麼事，對臨命終人，會是最有益處的？（以往佛教徒是認為要助念）

救世主：

（一）靈魂已經各隨因緣，分別落在三道了。

（二）化繁爲簡，事來則應，過去不留，您是什麼角色，就會遇到什麼事。扛起責任，把事做好，才能在修行領域有所成。歷鍊過，才能有機會挑戰進階，每個當下，都是天的考驗。所以，別管中陰身，空泛的理論，沒有任何助益。

（三）迴向功德量給亡者，才有用。例如：修復病痛的往生者。增加亡者的功德量，亡靈的處境，才能更好。

以往的那些，都沒作用了……執法機器人，不收金紙。

臨命終時，若有錢財，可做善事。（但要在有功德量的，著力，才能有用）

還是迴向功德量，給臨命終者，讓他一路好走，各隨因緣，各隨去處。

助念已沒用。

神權只看功德量的有無，在做事，在分配。

以上 恭請 救世主王慈愛慈悲開解

若有厤霖在提問過程中，言辭或心態有冒犯之處，向救世主懺悔，叩請諒宥

2022 年 9 月 1 日（四）

救世主：以我的名義爲著。
　　　　厤霖爲提問及編輯，對厤霖可能比較好，受力，厤霖才不用承受。

　　　　請厤霖穩住心念，天在考驗他。
　　　　跟著神權，在神權建立功蹟，才能在神權站穩腳步。

　　　　發揮厤霖的長才，配合出書。
　　　　將我說的法，體悟，驗證，內化成自己的。
　　　　此生就能不虛此行。

　　　　修行人，最會卡關的結，是瞋恨心。
　　　　我們沒有辦法管別人，我們只做好自己，向神權盡責就好。
　　　　書名：再想想。

　　　　現階段，走偏掉的出家人，非常的多。
　　　　穩住自己。

自己體驗，用變億咒，清除法術。

若再清不掉，買修行人的導航，這本書的功德量，亦可清除法術。

※　※　※　※　※　※　※　※　※

救世主：2022 年 8 月 27 日，凌晨四點 56 分，訊息：金光如來，收到我的大公無私，不會獨厚地球，放心的離開，專心治理自己的星球。

我的一切，神權緊盯著。我幫地球的神尊鋪路，是用自己的薪資（神權，公庫支付），不是用神權公庫的，地球的黃金千年，包括先幫地球人在神權納稅。外星早就有納稅，所以神權改朝換代，外星無縫接軌。

如何？

新書取名：一念之間

雲　深：感恩　救世主賜新書書名。敬愛的　救世主，您真的太客氣了，其實麻霖只是發心配合，您是有絕對的權限訂定書名的。您的禮賢下士，果真名不虛傳（合十）

救世主：如果，要再驚悚一點。一念之間，再回世界末日？

神權：對人類的業力，沒興趣啦，爲了地球的大方向發展在努力，如果，地球人不長進，神權是會站在觀望的。

神權：我們一向不獨斷獨行，每個大的決定，必然是討論之後的執行方案。

2022 年 9 月 2 日（五）

雲　深：請示　救世主
書名是《一念之間，再回世界末日？》嗎？眞是有夠
　　　驚悚的驚悚。厼霖還是希望我們地球人，能
　　　在您和神權的帶領下，順利渡過。

救世主：和上面討論的結果。
　　　把諸佛問答語錄（上卷）
　　　救世主與出家人問答記錄（下卷）
　　　這樣如何？

雲　深：太殊勝了，相當有智慧的方式。

救世主：帶厼霖在神權，建立功績。
　　　神權只看實力，作品等。

帶領王麻霖在神權，揚名立萬。
作者：救世主王慈愛
這樣做，功德量才能撐到最大。
這個背後是神權，我的功蹟做支撐。
但是：會考驗麻霖。
修行人都是天考驗出來的。
王麻霖，願意接受考驗？

雲　深：回稟　救世主
揚名立萬，麻霖不敢當。麻霖只盼從此不走偏，不論怎麼轉世都不走偏，常遇明師善知識
但麻霖若能為您效力，麻霖很樂意。麻霖是走偏過的人，很希望世人能在真理上有個依循，能有榮幸發心此事，麻霖很開心。只是麻霖心性不穩，只怕一考就倒了，這可如何是好？
王麻霖感恩　救世主
感恩叩謝

救世主：
佛教徒，一定要有人突破框架，另闢新局，才能有出路。
若是處處不順，就離開，走自己的路。

※ ※ ※ ※ ※ ※ ※ ※ ※

救世主：

修行路，一步一腳印。
凡走過必留下痕跡……
我的本性，心中爲人民，百姓。從過去的轉世，女媧，周公旦，墨子等，都可以看到痕跡，直到這一世，更溯源神權，將亂源徹底解決。

爲地球的輪值佛，留下著作，爲確保地球的神權能順利運行，再盡一份心力

釋迦牟尼佛，彌勒佛，曾問我，祂們二尊佛，都如此的辛苦，困難。
而我當初只有一尊佛（指人間），可見更辛苦，又要張羅道場的運作經費。
所以，才想，留下著作，當道場的運作經費。
感恩參與，感恩有你們，讓我們一路走到現在，或許眞的有機會兑現在地球，運行黃金千年。

我之前曾賴給達賴喇嘛，告訴他，唸佛經已經沒用了，要唸咒。
後來，我再看達賴喇嘛，已經帶領他的信眾，

唸咒了。

你看人家密宗，是如此進步。

反觀我們佛教徒，唉！無言。

※ ※ ※ ※ ※ ※ ※ ※ ※

修行路，本就在轉世的過程中，不斷的修正自己。轉世，也是歷鍊的來源，歷鍊過，成功過，才有本事，愈做愈大。

佛教徒，一定要改變，不然，真的沒有出路。可以仍然以出家人的身分，宣說道德經。也可以效法達賴喇嘛，用視頻的方式，宣揚理念，佛法。

2022 年 9 月 3 日（六）

救世主：心存正念，個人造業個人擔。

一般，敢害人的，大概是以為造業不用還。

※ ※ ※ ※ ※ ※ ※ ※ ※

此書的收入，用於藥師佛居士林道場的運作經費，及善因緣的團隊。

新宇宙神權，地球第一任輪值佛，由釋迦牟

尼佛，彌勒佛擔任，購買此書的有緣人，您也間接參與護持由釋迦牟尼佛，彌勒佛所主導的藥師佛居士林道場，功德無量！

請厤霖在書末，加上此句

雲　深：感恩　救世主

※　※　※　※　※　※　※　※　※

⊙　事緣：

　　厤霖，拿《2019：預言到兌現》和《修行人的導航》給兩位佛教界的耆老，接著沒幾天，兩位一直很急著要找我，連繫後，得知：「耆老看過後，覺得我的知見有問題。」厤霖，將此事回稟救世主。

救世主：遇到問題，想辦法應對，任何考驗，都是歷鍊。這和佛教徒的知見，相差甚大……

　　救世主的使命是帶領神權渡劫，渡過末劫。地球人，只要善心善念，不要再走回世界末日，不就過了嗎？

　　以不卑不亢的態度，應對一切。所有的一切，自然有神權作主。把人做好即可享有神權所拚來的一切美好。

雲　深：感恩　救世主
　　　　那麼，該讓他們知道時，這邊就會和他們分
　　　　享。願我到時能心平氣和地回應、看待此事

救世主：小心因應。

⊙　編者按：
　　　　「如實」，這兩個字，不容易。「如實知見」，也
　　不容易。

　　　　什麼是「如實知見」，用最簡單的話，就是「真
　　正明瞭實際的情況」。

　　　　話說，縱然是「耆老」，但也未必能知道隔壁村
　　的大小事，何況是宇宙間的事？人們，幾乎是用著經
　　驗去判斷世間事，往往，只要一超出人們的知見，人
　　們就不能接受了，其實，這也是所知障。

　　　　既然，佛教徒說「萬法唯心，世事無常。」何以
　　「人只相信自己的相信」？在此，「並沒有」非得強
　　迫地球人相信不可，只是請地球人（包括修行人）用
　　「彈性的心靈」瞭解看看，救世主王慈愛，到底要傳
　　遞給大家的訊息是什麼。

　　　　其實，也只不過是「希望大家『一念回心向善，
　　把人做好』，而能真正渡過末日劫難」如此罷了。這
　　樣，應該不難理解。

2022 年 9 月 5 日（一）

雲　深：稟報　救世主　工作進度
今聯繫上出版社
書名《一念之間，再回世界末日？》
此書作者，「救世主王慈愛著，雲深法明（俗
家名王麻霖）提問及編輯」
麻霖叩呈 2022.09.05

救世主：麻霖，你的意見，用這個書名？
感覺，也很附和當下的地球局勢。
之前你們有幫忙整理那幾則，有託鳳琪翻
譯，英文版的。收錄到這本書，也很合適。

雲　深：回稟　敬愛的救世主
其實麻霖對於您，是站在發心、樂於配合的
立場。所以，您訂定的書名，麻霖是隨喜讚
嘆的。
請示　救世主，「之前你們有幫忙整理那幾
則，有託鳳琪翻譯，英文版的。收錄到這本
書，也很合適。」這是指，您在 7 月 25 日的
開示，中、英、日文均收入此書中嗎？
感恩您

救世主：中，英，日文，都收入此書中。

這樣好，我們已經盡力了，未來會如何？就
交給天。

這幾天，感覺好像又要拉回世界末日。

辛苦你了。

雲　深：　救世主王慈愛
感恩您

2022 年 9 月 6 日（二）

雲　深：稟報　救世主：
麻霖今天回家拿東西，再對了一次《修行人
的導航》書籍費用，發現麻霖自己算錯了，
上回上呈給您的金額有少。加上各書局售價
有異，又有電子書的出售。等麻霖算妥後，
再補呈給您。

很抱歉，結算金額不是麻霖的專長，麻霖這
邊儘量把它圓滿，若有算得不精準的地方，
恭請　救世主指正、慈悲諒宥。

救世主：我們對神權的責任，記錄好，放道場，神權

自會審計。

若是該給付出的人，一分錢都不會少的。
這是我所知道的神權。

我昨天答謝了日本的 500 萬朵，彼岸花，及
賴給蔡英文，告訴她大局局勢，今天感覺地
球有希望。

可能加上日文版的也在發酵，看結果。

2022 年 9 月 7 日（三）

救世主：請問一下麻霖？我 2019：預言到兌現，要上
　　　　市販售，該如何做？
⊙ 編者按：關於《2019：預言到兌現》上市事宜，麻
　　　　霖，提了一些個人的意見，在此省略，不
　　　　羅列出。

救世主：我只擔心地球人，再度走回世界末日。
　　　　所以，也在思考如何做，比較好。

　　　　因為，用於幫臺灣的水庫祈雨，所以，初版
　　　　一千多本，已經賣完。

再版，創世主，訂定 800 元。

我們並不用極力推廣，道場也只相應有緣人。

釋迦牟尼佛，彌勒佛的神識，只會在藥師佛
居士林道場和有緣人相應。

目前，彌勒佛求助新宇宙神權

上面指示：地球的神尊，觀望。

看地球人的造化了。

有英國的預言家，預言中共解體的時間會落
在 2022 年末到 2023 年初之際。

倒是和大局相似，當初在 2017 雞年，已大
衰，在 2018 年，局勢已換下永恆，新宇宙，
連稅收都由新宇宙三大公庫收了。

雲　深：感恩　救世主

　　　　我們地球人能遇到您降臨於地球，真是我們
　　　　地球人莫大的榮幸。但願我們地球人都能珍
　　　　惜尊重才好。

　　　　感恩地球神尊

　　　　感恩彌勒佛

提問：2022年9月8日（四）

救世主王慈愛開示
俗家名王厤霖，出家名法明提問

一、今日整理文檔（也就是即將成爲上篇的內容），厤霖發現「自己距離眞愛」還是有距離的。下永恆新紀元的精神涵蓋了「眞心、眞愛、眞性情、眞修實鍊」等。

　　很好奇，爲什麼　救世主您怎能有這麼大的肚量？能不能請您和我們分享，當初您是怎麼樣「發現眞愛」？並且何以能在每一次的轉世都能如此堅持不退（堅持初心不退）？

救世主：

　　心中有人民，有大家的利益，悍衛公平正義，有這個思維，願意把自己的才華，錢財，權力，爲這個理念去執行兌現，盡己所能。

　　發現眞愛？
　　只有自己好，格局太小。

　　眞正的愛，是希望對方過的好，眞愛是付出。
　　眞愛，不是佔有，很多人把佔有慾，當做藉口。
　　當您有自己的理念，有自己的大願時，才能在漫

長的轉世洪流中，初心不退，甚至於成功的挑戰
進階。

二、承上，在文檔中，我們看見您是一位「重情重義」
的人，這也是您至今還留在地球，爲我們地球人
承受苦痛的一大原因，但也是您得以受到「萬靈
擁戴、萬邦來朝」的眞正原因。原來，「德性」也
與「情義」相關。

想請教您「重情重義」與「看淡世情」，應如何拿
捏？

「眞正的重情重義」，應該恰巧與您的名字「慈
愛」，有所關聯？

救世主：

遇到彼此都惜情，都重情重義，那就惜緣，情分
也會淵源流長。

若是以熱臉貼人家的冷屁股，就看淡世情，一切
隨緣。

三、我想，是神權的引導，很多問題，提出之後，它
好像就一直連續下去了。

上面一個提問中，談到您肉身的名字，突然
感覺，這好像眞是冥冥之中的安排。「王」——新

宇宙之王；「慈愛」——以慈愛應世、應試、應事，所向披靡。

不知，這是不是我個人的聯想？

救世主：

這麼理解也行，一切好像冥冥中早有註定（例如預言，推背圖，一千多年前早就預言）

說到名字，有一則小插曲，我的名字，戶籍人員取的，當時我爺爺去報戶口，說台語，王姿愛（姐妹中間字都為姿），而戶籍人員聽到，就寫成王慈愛，王家重男輕女，我爺爺當下，也沒糾正。

另一則，申請臉書，我女兒用王慈愛，就是不能過，直到改成王慈慈，才通過，好笑不？

四、在文檔中，看到您 2021 年 7 月 9 日說道：「我希望大家，都有一碗飯吃」。

這在藥師佛十二大願當中的「第七大願」與「第十一大願」都可見到。

「第七大願：願我來世得菩提時，若諸有情眾病逼切，無救無歸，無醫無藥，無親無家，貧窮多苦；我之名號一經其耳，眾病悉除，身心安樂，家屬資具悉皆豐足，乃至證得無上菩提」。

「第十一大願：願我來世得菩提時，若諸有情饑渴所惱，為求食故造諸惡業；得聞我名，專念受持，我當先以上妙飲食飽足其身，後以法味畢竟安樂而建立之。」

感恩救世主　王慈愛為我們演示「願力的重要」。（救世主　王慈愛，先前接軌藥師佛階，其相關經歷，請參照《2019：預言到兌現》。）

您這一路走來，從女媧、周公旦、墨子……，到修成藥王菩薩階、進階藥師佛階……，乃至今日，受「三大天（第一、二、三宇宙）」擁戴為「救世主」。您都不忘讓人民「有一碗飯吃」。真心敬佩。

雖然稱您為「政治家」有些不妥，但您卻讓我們看見了，「政治家」與「政客」確實不同。

現在地球人，還有不少是渾渾噩噩過日子，我們自己也是進進退退。

想請教（叩請）您：

（一）願力，人人各各不同，各人如何去找出自己的願力或使命？

（二）我距離現今的學校教育，已有一段距離。但現今社會風氣混亂，個人認為：「這與家

庭教育、學校教育、社會教育、網路媒體等，都互有關聯。而宗教作用，在目前的狀態下，是式微的。」

不知道，能否叩請 救世主慈悲，帶領地球神權，整頓這幾個區塊。（我想：這個是「既得利益者」所不樂見的；但將會是「希望地球好轉的人」所樂見的。）

救世主：

這就是願力。

願力的執行與兌現，才能在修行領域，神權，有宏偉的功蹟。

（一）量力而為，盡己所能，願意幫人（周遭遇到的即是，要不要做而已。

（二）我們沒辦法改變出生的家庭，但我們可以憑藉自己的努力，改變自己的未來（這就是民主國家，可貴之處，窮困人家，可以有翻身的可能。）

以台灣為例，我們想要有更美好的未來，所以，愈來愈多人，自律，不貪污，願意付出，奉獻自己的才華，為這個國家的榮耀而努力，所以，這幾年下來，行行出狀元，台灣人的才華，在個個領域佔穩

一席之地，扮演舉足輕重的要角。我也以身為台灣人為榮。（當我代表地球的佛應戰時，蔡英文總統當初在鼓勵學生，你代表國家應戰比賽。這句話，鼓舞了我。）

所以，我們推廣道德經，講述因果，種什麼因，就得什麼果，若要有好報，要先種善因。

提醒地球人，新宇宙神權，執行當世報，您看看各個國家，各人境遇，即可了悟。

五、能否請您為我們說明「註定與選擇」？

在 2021.7.19 日，「救世主　王慈愛」與「創世主」有一段很簡單，但有深意的對話。

當時　創世主感恩您完成使命，期許您帶領新宇宙。

您問：「為何您不自己做？」

創世主答：「如果可以，早就自己做了」

祂的訊息是：「各有使命，各司其職，各展長才」

※　※　※　※　※　※　※　※　※

想向救世主您請益。

「各有使命，各司其職」這句看起來，彷彿

每個人，乃至尚未修成的靈魂，乃至已經修行有成的靈體，不論是否已經來轉世，或者仍處在無形界，都各有自己的使命或任務。那麼，這似乎是一種「早已註定」。

（一）請問您，這也是宇宙無形界高層次的安排嗎？是「註定」？還是「個人選擇」？（麻霖是否陷入二元式的提問了？）

（二）各人的選擇，在這當中，又具有什麼樣的作用力。

（三）叩請您再爲我們開解「任務、使命、天命、宿命」的意義？

救世主：

（一）本質的不同，例如掌管時間門，星球等的靈體，都不相同，因專長不同，所以，能做什麼？是註定。

（二）個人選擇，是要選，從善如流？還是爲一己之私，貪污等，從惡，這都是個人的選擇。
善有善報　惡有惡報，神權徹底執法。

（三）任務，每一個當下的小工作，完成。
使命，例如一個比較大的任務執行，團隊完成的了的工作，當領導人。

天命，由天，神，所指派的任務完成，是更
大的團隊，所執行完成的領導人。

宿命，累世的學習，變成專長，專家，有專
精的領域，只有您才能做到，是宿
命，命中註定。

六、請示您「心包太虛，量周沙界」此話怎解？

救世主：

例如，實質的演示，您必須心量，格局到無私的
心境，才有可能通過菩薩階的考驗。

到無我，才能到佛階。

而到佛階，才有可能轉世時，治理一顆星球。

您的認知，視野，格局，決定了，「心包太虛，
量周沙界」的範圍。

七、請示您「萬法唯心造」這句話的真實意義為何？

有的人解成「眼前的一切都是自己內在心識
的變現」，又或者「會遇到什麼，都是自己內在業
力的釋放」。這些解釋，看起來有些道理，但又讓
我隱隱感覺怪異。譬如，現今的疫情，在我們凡
人的「視界」裡，若視為我們「內在變現」、「業
力變現」、「共業」是可以說得過去的。但是，在
您們──宇宙間超高層級的存有而言，若說「這
些疫情，也是您們內在變現」，個人感覺，這種解

讀就有點奇怪。

因為，如果是「內在變現」，那麼「佛菩薩如果要度眾生，就在內心裡，把眾生一次渡盡，豈不是好？」又或者「世道這麼亂，佛菩薩在祂們的內心裡，把它變現好，這世道豈不就變好了？」但，麻霖看到的是，您為新宇宙、為地球，拚命，拚得滿身是傷。

可見，「眼前的一切都是自己內在心識的變現」這話，還不是相當周全的解釋。因為，它能解釋絕大部分的現象，但還不能解釋宇宙間全部的狀態。

所以，想請示　救世主，您是怎麼看待「內在變現」、「萬法唯心造」這些句子。這些詞句的真正意涵為何？

救世主：
萬法唯心造
內在變現
其實一切都在於您的起心動念。
所以，佛教講一念清淨
一念成佛，一念成魔。
自律，定力的考驗，天考著所有的修行人，我們也是被考出來的，所以，過來人，留下會過關的心法（我的著作）希望您也能受益。

感恩　救世主　王慈愛
麻霖叩呈
感恩　您
感恩　救世主

太珍貴了🖤

2022 年 9 月 9 日（五）

救世主：在 2022 年，9，8 日，凌晨五點 13 分，訊息：
　　　　達賴喇嘛稱救世主王慈愛是宇宙的導師。
　　　　訊息：如此告訴蔡英文。

　　　　但是我感受不到。對我現在的人間處境而
　　　　言，神權對地球的情況，站在觀望，除了地
　　　　球人自己要救自己。

※　※　※　※　※　※　※　※　※

救世主：　想到原本 2012 已經世界末日。
　　　　　而現在已經是 2022，瞬間心情大好。

雲　深：的確如此，　救世主您往往一個轉念，事情
　　　　就產生轉機了。

如果厤霖能學到　救世主您的樂觀、智慧、勇氣，謙虛低調，那就太好太好了

救世主：大家一起學習。

雲　深：有您真好

提問：2022年9月11日（日）

雲　深：回稟救世主
您親書的48頁「諸佛問答語錄」，今9月11日，已整理完成。
很神的是，整理好的時間點，恰巧是下午5：20

感恩救世主
新宇宙神權
師父加披

救世主：這樣好，速度真快。
11，你知道嗎？讓我很毛。
我公公11點11分離世。
今天11號。

12號颱風梅花。

12，一網打盡。

希望真能平安渡過難關……進入第五文明，我們一直為了這個目標而努力，感恩共襄盛舉，辛苦了。

步虛大師的預言：

鐵鳥凌空，東南盡毀。指中共……或許現在走向這個預言的兌現。

雲　深：厫霖相信，在您的帶領下，我們一定會平安渡過難關的

您是我們地球的燈塔

救世主

我們敬愛您

您願意讓厫霖等發心，學習付出。我等，深感榮幸

厫霖　頂禮叩謝

2022 年 9 月 12 日（一）

救世主：就時局，事例，爲大家說明：

以台灣人而言，我們正享受著前總統李登輝先生完成他的使命，爲台灣人民帶來民主自由。即推背圖預言：一二三四（數字密碼爲一，宇宙密碼一，我們是一起的）無土有主（指蔣中正失去中國土地，但中華文化的使命由他帶來台灣）小小天罡，垂拱而治(以現代而言，就是自由民主）

若逢木子冷霜換，木子爲李，完成任務的人姓李。而李前總統的願力：民之所欲，常在我心。把他推上政治家的高度。

在他走完人生的旅程之後，我查詢：原來他只差一點點功德量就到神仙階，所以我自掏腰包，圓滿他，並請他轉世台灣，再來顧台灣。

之後，看到達賴喇嘛視訊，在李登輝總統的告別式，說他即將轉世台灣。

我要說的重點是，您怎知，您這一世的努力，不是在爲自己的未來世鋪路？

180

當政客或是政治家？全在於自己的一念之間，自己的選擇。

當政客，擁有了權力，財富，人死又帶不走。

當政治家，獲得良好的聲譽（來自人民的愛戴），又圓滿了自己的修行領域，利益的是自己靈魂的資糧，這涵蓋了未來，包括轉世。

一有，一元復始萬象更新之意

提問：2022 年 9 月 12 日（一）

救世主王慈愛開示
俗家名王麻霖，出家名法明提問

敬愛的救世主　王慈愛您好：

見聞　救世主的行跡之後，麻霖有一個感覺，應該也是一則譬喻：「我看見了喜馬拉雅山，回頭再看，周遭有一座一座的小土丘。我不知道，為什麼，這些小土丘認為自己既高又大。」

稟報　救世主：現今，《2019：預言到兌現》與《修行人的導航》兩書，可能看過的修行人也不多，就算看

過，他們也不知可以提問，也或許他們也不想提問。所以，還是由麻霖提問，希望能對未來地球的修行人有所助益。提問中，若有冒犯之處，麻霖先向您懺悔。

一、想請問　救世主：

「思維／想通」與「功德量」，以及「證悟／證果／進階」之間的關聯性為何？

在以前釋迦牟尼佛的時代，許多聲聞弟子，聽聞佛的開示，就證果了。或者，聽聞佛的開示，回去思維，想通之後，也證果了。

然而，您曾開示道：「一到功德量的門檻，就進階」。

但是，當時這些佛的聲聞弟子們，何以有的「一想通」，「隨及就證果了」呢？

先姑且不論「證至幾果」，請問您這個「想通」與「證果」之間，不是應該需要累積相當的功德量嗎？還是，這些前輩的「想通」，與我們不同？是否他們的「想通」是「伴隨著放下習氣」，而我們的「想通」只是處於「理解」？

⊙　編者按：
佛門，聲聞乘中，有四個果位，分別是初果

須陀洹，二果斯陀含，三果阿那含，四果阿
羅漢。只是不知，在新宇宙中，是否有所調
整？）

救世主：
互為因果關係
一想通，隨及就證果了
其實是和他自己的累世修為，接軌了。
簡化為各位階分十階段考核，例如：神仙階，羅漢，
尊者，菩薩，佛階，各階各考核十次，圓滿成功，
才能向上挑戰進階……

二、在 2022 年 8 月 24 日，您曾提到：「佛教對修行人
　　的要求最嚴苛，以舍利子的有無，驗證修行得力
　　與否。」
　　想請示您：

　　（一）舍利子，究竟為何物呢？何以聽說，舍利
　　　　　子，還會增生，甚至在台灣花蓮某道場舉
　　　　　辦藥師法會後，竟出現「地湧舍利」？

　　（二）舍利子，除了「驗證修行得力與否」之外，
　　　　　是否有其他的意義？

　　（三）請示您：新宇宙對於「修行得力」的評判
　　　　　標準為何？

（四）若是，火化（荼毗）後沒有舍利子，是否「真的就直接等於」這位修行人未達到「新宇宙修行得力的評判標準」？還是說，可以憑藉著「舍利子」來驗證修行得力與否，但這卻不是唯一的憑證？

救世主：

（一）地湧舍利，是藥師佛法身的法力展現，現在須由修行得力的人主導，才可能現瑞象。

（二）代表您修持的方向是對的。

（三）是否能把事給做好，也是評估的條件之一。

（四）不是惟一的憑證。

　　據我所知，達賴喇嘛的寬恕一書，就有提到舍利子的孳生，只要有修行到位的人在主導，就有可能有舍利子孳生的。

三、關於「突破」

（一）成佛，一定要是「佛，教(ㄐㄧㄠˋ)徒」才能成佛嗎？

　　「佛教(ㄐㄧㄠ)，徒」（按照佛法去行，但不一定是教徒），譬如其他宗教的人士，也能修到佛階嗎？

184

（二）以往（舊宇宙）聽說：居士不能修至四果阿羅漢，女人不能成佛。但這兩項「規則（？）」，您都打破了，甚至連「舊宇宙」，您也將之掃除，重組新宇宙。真的，讓我見識到何謂「真正的萬法唯心」。

　　但說實話，這還真不是人人都能辦得到的。請問：您是如何達成的？（如何突破既有「規則（框架？）」而辦到）

（三）請問：在新宇宙中，「女人不能成佛」這一條，是否也被修訂了？

救世主：

（一）成佛。

並不一定要佛教徒。

功德量到佛階，重點是通過天的考核，過關。

（二）我只想要解決問題，並要打開出路。

舊思維，規則（框架）如果可以，舊宇宙神權，就不會陷入崩解……消失。

（三）新宇宙，女，男，平等。

新宇宙神權，坤在上，乾在下。

比的是功德量的勝出。

四、您指示：因為見到您以居士身成佛、成就，所以

將來「來轉生的靈體」，很可能會跟著選擇「以在家居士的身份」修行，這意味著「地球上的佛教出家人」有可能愈來愈少。

（一）想請示您：「戒律」一直是「出家人」與「在家人」的分際，但，新宇宙中，地球第一任的輪值佛──釋迦牟尼佛、彌勒佛，打算以居士的身份行使他們的任務。以地球人的性格（習氣、見解）而言，恐怕到時候的出家人，還是未必能認同「居士和他們討論出家戒律」，那到時，這個區塊，將如何處理會比較圓滿呢？

（二）「宗教」在目前的地球上，還是具有一定的位置，但，看到宗教在演變後，往往帶有一種「排外、對立」的意味，在「教義」上，也走向「細瑣、研究」的方向，甚至遠離了「當初下凡神權，所想傳遞的原意」，對此，我個人感到相當可惜。

　　前陣子，看到「喜悅：達賴喇嘛遇見屠圖主教」（Mission：Joe）的紀錄片，感到：這兩位看似不同的宗教人士，其實同樣是「抱持著人類心靈提升，眾生能夠幸福」的理念而來。如果，地球人，也能共同朝向「真心、真愛與和平」努力，那就

太好了。

　對於「宗教的亂象」乃至「教育、傳播媒體」之中的亂象，地球的神權，是否有打算逐一進行梳理？

救世主：

（一）神權在輪值佛手中。

出家人要不要認同，干神權何事？

修持得好的人，一般已無劣習性，何須戒律？

（二）宗教的真諦，本就是提升人類心靈層次，眾生能夠幸福。

真心，真愛，大家和平相處是主軸。

所有的亂象，會被逐漸淘汰，末劫已過。

五、請示您：三大天（一、二、三宇宙），已是宇宙（全星際網路）的全部實相了嗎？還是，在此三大天之外，還有其他的大天？

（如果是這樣的話，宇宙真是相當、相當、相當地浩瀚無比。

人類致力於發展科技，竟不如「真修實鍊的修行人」看得透徹。）

救世主：

就是一，二，三宇宙，是全部。目前是如此，其他的已崩潰。

所以，科學家牛頓，到生命的後段，會醉心神學。

六、想請教您：關於「委屈」。

　　您，明明已經貴為新宇宙神權的女王，卻為了地球的未來，仍願意留在地球為我們承受這些苦痛，您也不在意自己是否屈身於一個小小的桌子前。又，您肉身在人間，有時想用世間的方式傳達一些訊息給地球的領導人，卻遭受領導人（或其周遭處理事務的人？）的不理會。其實，您一聲令下，是可以調動神權的。

對於這種種的「委屈」，您是如何克服的？

救世主：

為了國家好，地球好，就委屈全消。真心付出。

國家的領導人，修持不夠，而難理解，只能慢慢導引。

七、曾聽說，某次您肉身所承受的苦痛，彷彿置身於1200度的高溫，尤其您當時面對漫天的阿修羅與法術，對我而言，您簡直是「用肉身去擋原子彈」，但是您卻成功了。請示您：何以一個區區的肉身，竟能做至此等程度？

救世主：

　　我無私，力量亦無窮，向宇宙借力，成功。

　　還有身上扛著使命，除非我死了，不然，使命必達！

八、談到原子彈，核武在地球一直是個威脅，這不單
　　是對地面人而言，其實，對地底人（地心人），乃
　　至對宇宙間，核武，都是一項很負面的發展。但
　　地球一些的領導人，至今不惜對地球造成損傷，
　　仍要滿足自己的權力、私利。

　　　　我們一般人，似乎只能簽一些「向核戰說
　　『不』」的相關連署。想請教您：

　　（一）對此，我們還能為此做些什麼？
　　　　　（真的很樂於見到地球人們能夠覺醒，共
　　　　　同邁入地球的黃金千年）

　　（二）我們若回向「地球和平、人類覺醒」，這樣
　　　　　有幫助嗎？

救世主：

　　（一）希望這些要核戰的領導人，儘速耗盡他的陽
　　　　　壽，結束造業的一生。

　　（二）講述因果，造業要還的。
　　　　　惡人會造業，是起貪念，並以為不用還。

九、關於「回向、冤親債主與因果網」

（一）曾有人提出：「雖然回向給冤親債主，解冤
　　　釋結，永不糾葛，但要如何才知道是否已
　　　清償」？

　　　　對於「靈魂形態的冤親債主」，當然從
　　　久遠已來，我們一般人都曾與眾生結下不
　　　少冤結，持續地回向、解結，固然是必要。
　　　但是，對於「已經轉生於世的冤親債主（譬
　　　如說親友、同事…）」，要如何知道自己與
　　　對方已經清償債務？

（二）往往，我們以為，別人對我們不好，是我
　　　們在過去世虧欠他們。又或者，我們以為
　　　別人負欠我們，而事實上，是我們在過去
　　　世，先虧欠他們。

　　　　請示您：在我們一般人凡胎肉眼，「看
　　　不清宿世因緣」的狀態下，如何去把這層
　　　層的因果網羅給突破？

　　　（畢竟，遇到不合理的事或委屈，光要吞下
　　　肚，並且不發酵爆炸，對許多人而言，都
　　　未必是件容易的事，更何況是「要有那個
　　　心量回向對方」。）

（三）這是一個比較個人的問題。您曾教導麻霖
　　　「不計較，才不枉費送你去出家」。麻霖，

也儘量朝著這個方向去努力，也儘量去調整自己的脾氣、個性。

但，厤霖很納悶，為什麼當時我對您「忘恩負義」時，您卻如此大量地願意寬恕我，並還願意給我修正的空間與機會。厤霖對此萬分感恩救世主的慈悲大量，很感動，但也很好奇：何以您當時沒有放棄「那樣糟糕的我」？

救世主：

(一) 以病痛為例，就是症狀減輕，代表有功德量，冤親債主，願意接受和解。
若已還清，就無糾葛。

(二) 忍讓，只有一次，絕無下次，自己斟酌。
讓自己強大到別人不敢侵犯你。

(三) 有機會，試試看，做看看，不會放棄任何人。
除非，你自己放棄你自己。
舊宇宙神權，給我一個超級大的爛攤子，我也沒放棄，我在神權的記錄是，不曾放棄我團隊的任何一尊，這個性，一直持續，走到成功。

十、個人對於您「直捷了當，不拐彎抹角」的教法，

雖然自己還未能全然做到，但卻感到相當相應。因為，自己可能耐性不夠，雖喜歡看書，但不喜歡在書中鑽研。最喜歡的方式，就是「先了解重點」，而您「直接開示重點、心法法要的方式」，真是太合乎麻霖（現代人？）的需求了。

而，可能個人資質尚淺，悟性也還不高，以往看了一些書籍中的名詞解釋，愈解釋，愈模糊，真的反而有種「見樹不見林」之感。看過之後，還是不知道他們在講什麼。

總覺得，既然時至現代，就要用現代人看得懂的方式詮釋，人們聽得懂，才重要。畢竟，修行，又不是在做文學賞析或學術研究。

又，有時聽「一些修行人的說法，或同參之間的分享」，後來，對照您開解的宇宙實相後，才發現：原來他們講的，雖然看似言辭鏗鏘，但似乎也不一定正確。我無意去否定他們想要傳遞理念給世人的心意，但由於自己智慧不足，有時也很難判斷「他們所說的內容，是否符合宇宙實相」。這基本上有幾個原因：

A. 宇宙狀態一直在變動

B. 凡人的視角，不容易「直觀地」看見實相（以現代的語言來說，即是「我們一般人

無法即時更新至『宇宙最新的訊息』」)

C. 一般人，也很難分辨信息的眞僞（譬如我
　個人至今還沒辦法分辨是來自神靈，或者
　惡靈的信息，幸好有您慈悲查詢，才讓庥
　霖不被惡靈所欺）

　　關於，很難判斷「人們所說的內容，是
否符合宇宙實相」這一項。自己的經驗，簡
舉幾個例子，譬如：

A. 曾經在同參之間討論過「靈魂」，他們直
　接聯想到「外道」、「神我」。當時，我也
　不懂，也去查了「神我」這個詞的概念，
　但還是不明所以。

　　　所幸，後來有機緣請示　救世主
　您，才知道「原來，把『靈魂』直接聯
　結到『外道、神我』，是不恰當的」。也
　才了解到「靈魂」與「靈體」的不同。

　　　後來，慢慢在您的開示中，也才認
　識到「神權」這個概念，指的是「宇宙
　間各階層的管理團隊」，譬如「地球」有
　「地球的神權」；下永恆，新宇宙，則有
　「新宇宙神權」。

B. 關於「優曇婆羅花」，也曾有法師認爲「優曇婆羅花就是白蓮花」，但對於「親眼看過優曇婆羅花的我」而言，「優曇婆羅花怎麼會等於白蓮花呢？！」

C. 關於「愛」。現在，佛教中，好像一談到「愛」，就很容易被聯想到「情執」。但是，在您分享的經歷當中，厼霖反而發現「眞愛」是新宇宙間相當相當重要的「心法法要」，反而是您突破困境的最大動力來源。

D. 關於「性」。現代社會中，一談到「性」，很容易就被聯想到「情欲、性行爲」等概念。在此之中，「天命之謂性，率性之謂道」的「性之意涵」卻隱沒了。

綜合這幾點，我眞的感到：「修行，還是有不容易的地方，畢竟能遇到像您一樣一層一層走過，而親見宇宙實相的人，是太難得，太稀有。

能遇到，眞是太殊勝了，太榮幸了。祈願吾等能
常遇明師、善友。」

同時，麻霖也很希望：宇宙間、地球上，「一
切被誤會、誤導的詞語」，都能回復其「本來面
目」，我們都能藉由這些「復歸正位的詞語」，眞
正體會到宇宙的實相。

眞的有如《葛拉瑪經》所揭示涵義：去親證
吧，不要只是一昧地盲目崇拜、盲從、信以爲眞。
很感恩，您願意讓麻霖藉此抒發一些「純屬個人
的想法」。

在此想再請教您一些平時曾聽到的字詞、句子涵
義，及相關的提問。

（一）何謂「見山是山，見山不是山，見山還是
　　　山」？

（二）何爲「魂、魄」？

（三）「讀書」與「實証」之間，何以往往落差
　　　不小？

（四）如何達到「眞正意義的『家家觀世音，戶
　　　戶阿彌陀』（人人都慈悲，個個都覺悟，家
　　　家都知道轉生的眞實意義，都瞭解如何修
　　　行、修心，而不再只是落於形式、儀軌上
　　　的行持）」？

（五）習氣，來臨時，怎麼辦？

（六）盲點，既然是盲點，就是自己看不到、所忽略的區塊。既然，看不見、所忽略，那就表示「無法看出其中的問題」，那麼，對此應如何突破？

救世主：

（一）開悟之後，心境的不同。

（二）魂指靈魂。

魄指肉身能趨動的動力。

例如我現在的肉身狀態，是魄在支撐。（有時候神權灌注能量給我）

（三）所以，坐而言，不如起而行，實作才能有成果。

（四）這是輪值佛的使命了。

（五）想想後果會如何，就冷靜了，就過了。

（六）旁觀者清

忠言逆耳

降伏自己的狂心，就能突破盲點，就過了喲。

⊙　編者按：

「直捷了當」，這個詞，在《修行人的導航》一書中，也用過。救世主王慈愛曾形容祂「是搭捷運直至佛地」，因此，「直捷」這個詞，在此有更深一層的意義。

麻霖叩呈 2022.9.12

2022 年 9 月 12 日（一）

救世主：

　　有什麼時，就會考什麼

　　狂心若歇，歇即菩提！

※　※　※　※　※　※　※　※　※

　　孤單的情況，真的是常有，而神權修正這個問題，
從第一任輪值佛開始。若是厤霖這一世沒有找到志
同道合的人，最壞的情況就是下一次轉世了。
　　若是真的不快樂，就離開那裡，另闢天地也不錯

　　最近，地球的局勢，是神權在動員。
　　例如，台灣人打不贏中共，神權動員美軍帶領盟
軍，保護台灣。

※　※　※　※　※　※　※　※　※

⊙　編者按：救世主引導厤霖領悟一理。

雲　深：（原來，佛是解脫道，佛像是象徵，但人們卻
　　　　　執著於相了。）

救世主：後面這一句，你已經悟到這一點。

　　　　自己的選擇，就為自己盡責。

　　　　人生的樂趣在於付出，在於先愛別人，先讚

美別人的長處。

雲　深：感恩　救世主

救世主：英國女王，小時候很喜歡去看，如同我們的
　　　　小人國，但英國是一個國家的模型。
　　　　可見她的思維，在小時候就在思考如何治理
　　　　好一個國家。
　　　　麻霖看完諸佛問答語錄，有何感悟？

雲　深：回稟　救世主
　　　　麻霖恭讀了「諸佛問答語錄」之後，感到：

1. 佛法真的不在於讀多少書，現代很多佛門人士，
　 雖然讀的是佛教經論，或研究戒律，但感覺上
　 卻離佛意已遠。世人由這些人帶，很難成就的。

2. 您們師徒之間關係很溫暖。徒成就，師不妒，師
　 愛徒，徒愛師，徒敬師，師敬徒。

3. 執行長很了不起

4. 麻霖整理時，有時心不穩，感恩彌勒佛加被讓麻
　 霖心穩。若有冒犯，請您及神權諒宥。

（麻霖到現在，如果，不是　救世主安排，自己其實
　也還不知要做什麼。感覺自己沒個自己的目標，以
　往都在尋求「真愛及其意義」，彷彿這是我此生最

想達成的事。

　　看了「諸佛問答語錄」，很是感動，也覺得諸佛在請示您，都如此簡要。您願意讓庥霖提問一大堆問題，還順道寫了自己的想法，真的很感恩您的大度。）

救世主：這些感悟不錯。有切中要點。

　　　　帶領庥霖發揮自己的長才，變成作品，神權只看完成的功蹟。

　　　　還有更重要的一點，思維，佛的提問：都在如何治理一個星球，如何治理地球，有發現嗎？

雲　深：是，感恩　救世主提點。

　　　　諸佛總是把任務和眾人，看得比自己重要（合十）

救世主：把任務和眾生，看得比自己重要，所以，才能成佛。

　　　　直接把那14則，當序即可。

　　　　看你要如何介紹我，看你演示。

　　　　換你這個中文系的碩士，上場演出。

　　　　眾神尊，很多參與這場神權的渡劫，有付出，所以很珍惜這得來不易的新宇宙神權，人間

是諸佛菩薩的舞台。

之前，地藏王菩薩曾經告訴我，推背圖從40象到60象，講現在的時局，人間，中華文化的政權到李登輝完成他的使命，主權已在民。40象之後，講的是渡神劫。

中，英，日文，全放在序。

我只要地球，不要再走回世界末日，其他，別無所求……

雲　深：　謹遵　救世主旨意。
　　　　　待簡介完成，再呈予您過目。

救世主：好，辛苦了。

2022年9月14日（三）

雲　深：　上呈作者簡介，恭請　救世主過目。

（作者簡介）
救世主王慈愛

草堂裡，方桌前，誰知此人天外天。
至今默默於世道，手把脈象順坤乾。
古藥師，新神權，宇宙實相逐漸宣，
優曇波羅已現世，但盼珍惜此奇緣。

　　近十多年來，地球，乃至宇宙間，發生許多「地球人尚不知曉的『大事』」譬如：
1. 全宇宙（三大天，一、二、三宇宙），「法身、高法身制度」全面廢除。
2. 舊宇宙廢除。「下永恆，新宇宙」成立，新宇宙神權成立。
3. 全宇宙中，1/3 星球爆炸。
4. 地球，仍在「末日」與「黃金千年」中擺盪。

　　祂，肉身王慈愛，因救了 2/3 的星球，新宇宙神權奉祂為「救世主」，地球上有部分的人，期待祂出現。但，地球上多數的人，不知道或不相信祂的出現。我想：祂不在意人們相不相信。

　　「我只想要地球人，不要再走回世界末日，其他，別無所求……」

　　救世主王慈愛如是說。

救世主：這樣可以，眞是切中要點！
雲　深：感恩　救世主（合十）

救世主：每一個小件的完成 v 就是每一個小功蹟。修
　　　　行領域的成就，是由每一次的轉世，每一次的
　　　　小功蹟，堆疊而成。
雲　深：感恩　救世主（合十）

提問：2022 年 9 月 18 日（日）

救世主王慈愛開示
俗家名王麻霖，出家名法明提問

雲　深：稟報　救世主：
《一念之間，再回世界末日？》一書的紀錄與編輯工
　　　　作，已接近收尾。麻霖想把握機會，再向您
　　　　請教一些題目。感恩您

一、佛法中說「無我」，世人認爲要「做自己」。我
　　個人想「活出眞正的自己（眞我）」。請示您
　　（一）「無我」與「做自己」只能是二，不能是一
　　　　　嗎？
　　（二）「活出眞我」算是「我執」嗎？

（三）有些人認為不說「我」而改用「末學、學人……」等來稱呼自己，這樣「有助於去我執」。我心想：「『去我執』要是有這樣簡單就好了。『我』這是一個代名詞，同是也是一個形容詞，我觀察，有些人換『末學、學人』來稱呼自己，但好像『執著』也未必真的比較少。」
請問您「無我」對修行而言這麼重要的話，那麼對於「我執」、「法執」的實際突破方式為何？

二、叩請您為我們解說「心空及第歸」的真正意義，以及何謂「空」？何為「真空妙有、空有不二」？感恩您。

三、《金剛經》：「無我相，無人相，無眾生相，無壽者相。」若以現代地球人能理解的語言來說，應如何詮釋？

四、恭請您為我們開解，何為「中道」，感恩您。

五、在《妙法蓮華經》中，紀錄您的師父釋迦牟尼佛的觀點。經云：「爾時佛告諸菩薩及天人四眾。吾於過去無量劫中。求法華經無有懈倦。於多劫中常作國王。發願求於無上菩提。心不退轉。為欲滿足六波羅蜜。勤行布施。心無吝惜。象馬七珍。國城妻子。奴婢僕從。頭目髓腦。身肉手足。

不惜軀命。」

其實，麻霖對此雖然佩服，但有所不理解。就是「捨國城妻子」這不是自己一人的事，還涉及妻、子與城中百姓，也沒問問她／他們的意見和感受，怎能如此說捨就捨？尤其是在了解「宇宙間，新舊神權大戰、善惡大車拚」之後，更是覺得「還好新神權勝出，沒有把我們『捨給／布施』腐化的舊神權。」

麻霖無意冒犯您的師父，但我真的不能完全理解上段經文。

叩請 救世主為麻霖理清頭緒。
感恩叩謝

救世主：

　　　請問麻霖：人類會管螞蟻軍團在大戰嗎？
　　　該說的，我已經說完。
　　　要做的，這樣就可以。
　　　不做的，怎樣都沒用。
　　　不要陷入不著邊際的空泛。
　　　真正的佛法，是實做實行。

雲　深：是，麻霖懺悔，還未真懂 救世主開示的真意。

冒犯您了，向　救世主懺悔。
果然，目前地球人們，一不小心，就會走入
「研究佛法、鑽研名詞」的死胡同。
麻霖感恩叩謝　救世主再次提醒

救世主：　神權在看人類，如同人類在看螞蟻軍團相爭
　　　　　一樣。
　　　　　現階段，處於最後關鍵。
　　　　　中共不倒，地球不會好。
　　　　　這是神權一直在推動的方向，目前臺灣已經
　　　　　打開困局，走向世界舞台。
　　　　　光研究佛法，不去實踐，實行，怎能了悟佛
　　　　　法的眞意呢？

雲　深：　感恩叩謝　救世主王慈愛的帶領
　　　　　您不但扭轉了地球的未來，還引領著地球人
　　　　　精神世界的新方向。
　　　　　由衷感恩您
敬愛的　救世主王慈愛
新宇宙神權的女王

麻霖叩呈 2022.09.18

救世主：留我的肉身在地球。讓我可以介入幫地球人。
　　　　希望能成，遠離世界末日。

最近答謝非常多場，日本的彼岸花……希望神權能順利引領跟得上的一切眾生，到達彼岸，新宇宙神權，創立的地球運行第五文明，太平盛世。

地球人，人人有責，人類是萬物之首，有責任，有義務，維護好大家的生存空間。

雲　深：　感恩　救世主

提問：2022 年 9 月 21 日（三）

救世主：　未來，有很多高手轉世人間。

　　　　　所以，我才會一直說明，互相尊重比較好。

　　　　　輕慢修得好的修行人，業很重的。

※　※　※　※　※　※　※　※　※

雲　深：不知道還能請示您問題嗎？如果可以的話，想請教您：

（一）在全宇宙當中，真有「平行宇宙」存在嗎？

（二）如果，有的話，這是個什麼樣的狀態？

（三）與我們這個世界的關聯和影響為何？

（四）如果有「平行宇宙」，它只有一個嗎？還是
其實是有無數個平行宇宙？會不會，是神權
透過世間的科學家，藉由「平行宇宙」的概
念，在告訴我們：「人在當下，有無數個選
擇，未來有無數個可能性，端看我們當下的
選擇。當下這一念心和選擇，將帶領我們各
自朝向『不同的平行宇宙』」？
感恩　救世主
感恩叩謝

救世主：　說實在的，我不知道平行宇宙在吵什麼？
就我所知道的，並沒有這回事。
只有靈的層次不同。
所以，思維，視野，格局也各不相同……

雲　深：　感恩　救世主開解
看來，我們人世間的許多理論，還真的是世
人「自己腦補出來」的。
感恩叩謝
（此題也收入書中可好？）

救世主：　宇宙就一，二，三宇宙，原本互不隸屬，何
來平行？

神權，原來也是各自管轄。

只是神權在渡劫，一，二宇宙，知道三宇宙
已經得救了，所以，請託我，能不能順道救
一，二宇宙？

我因爲被搶怕了，所以，只能硬著頭皮扛了
下來……怎知一，二宇宙的區域範圍，大我
們三宇宙這麼多。

也沒想過，最終的結局，是統一了一，二，
三宇宙，心得：凡事不如人意，必有天意。
而天意難違……

可以啊。

雲　深：感恩　救世主
　　　　說實在話，前陣子Key好資料後，麻霖感到
　　　　很喜悅，覺得內容實在太精彩了，覺得相當
　　　　有意思，也很有趣，也解除了麻霖許多疑惑。
　　　　相當感恩　救世主
　　　　感恩叩謝

2022 年 9 月 22 日（四）

救世主： 警告地球人，在此留言，神權會記錄，並執
法。
善惡各自受報。

⊙ 編者按：此指，在「新地球人文主義工房」Facebook
粉絲專頁。

救世主王慈愛相關書目

1. 王慈愛：《2019：預言到兌現》，台中：白象文化，2021 年 5 月初版一刷。

2. 救世主王慈愛講述，雲深法明(俗家名：王厤霖)編著：《修行人的導航》，台中：白象文化，2022 年 4 月初版一刷。

3. 《修行人的導航》英文版翻譯中，請期待……

其他相關書目

1. 新宇宙神權開示，雲深法明(俗家名：王麻霖)講註：《好運的泉源—把人做好：道德經講義(道篇)》，台中：白象文化，2022 年 5 月初版一刷。

2. 達賴喇嘛、Chan, Victor 著，朱衣譯：《寬恕：達賴喇嘛的人生智慧》，臺北：時報文化，2005 年初版。

3. 星空穩：《下永恆運行 改朝換代的人生：新地球人文主義》，The Movement of the Lower Enternal Stratum： Life Massively Changes——A New Earth Humanism，台中：白象文化，2018 年 8 月初版一刷。

本書經費用途說明

　　此書的收入，用於藥師佛居士林道場的運作經費及善因緣，理念相合的團隊。

　　新宇宙神權，第一任輪值佛由釋迦牟尼佛，彌勒佛擔任。

　　購買此書的有緣人，您也間接參與護持由釋迦牟尼佛，彌勒佛所主導的藥師佛居士林道場，功德無量。

　　第二任，由大日如來，燃燈古佛出任。

　　若是有意願幫我們經銷的道場，我們讓利給他們。

藥師佛居士林精神及宗旨

　　藥師佛居士林的宗旨：生存的空間，不要有法術。真修實行，讓愛好和平，自由，民主的人，理念結合，一起打拚。兑現太平盛世，神權努力的方向與目標。

　　——救世主　王慈愛

藥師佛居士道場展出

1. 舍利子

   佛舍利能神變示現，孳生不息。

   佛的舍利是智慧、功德、神力的表徵

   金光明經捨身品云：「舍利是戒定慧所薰修，甚難可得、最上福田。」

   舍利子的有無，似乎成了修行得力與否的驗證。

2. 優雲婆羅花：佛花兆祥瑞　聖王救世來

   三千年一開，根據佛經記載意為靈瑞花、空起花。

   佛經記載　轉輪聖王駐世，傳法度人。（此花開時）

   據佛經《法華文句》四上記載：「優雲花者，此言靈瑞，三千年一現，現則金輪王出。」

   「世間無此花。若如來下生，金輪王出現世間，以大福德力故，感得此花出現。」

國家圖書館出版品預行編目資料

一念之間，再回世界末日？／救世主王慈愛
著. —初版.--臺中市：白象文化事業有限公司，
2023. 3
　　面；　公分
ISBN 978-626-7253-03-8（平裝）
1.CST：民間信仰 2.CST：言論集
271.9　　　　　　　　　　　111019627

一念之間，再回世界末日？

作　　者　救世主王慈愛
校　　對　救世主王慈愛
編　　者　雲深法明（俗家名王麻霖）
發 行 人　張輝潭
出版發行　白象文化事業有限公司
　　　　　412台中市大里區科技路1號8樓之2（台中軟體園區）
　　　　　出版專線：（04）2496-5995　　傳真：（04）2496-9901
　　　　　401台中市東區和平街228巷44號（經銷部）
　　　　　購書專線：（04）2220-8589　　傳真：（04）2220-8505
專案主編　林榮威
出版編印　林榮威、陳逸儒、黃麗穎、水邊、陳婥婷、李婕
設計創意　張禮南、何佳諠
經紀企劃　張輝潭、徐錦淳、廖書湘
經銷推廣　李莉吟、莊博亞、劉育姍、林政泓
行銷宣傳　黃姿虹、沈若瑜
營運管理　林金郎、曾千熏
印　　刷　基盛印刷工場
初版一刷　2023 年 3 月
定　　價　800 元

缺頁或破損請寄回更換
本書內容不代表出版單位立場，版權歸作者所有，內容權責由作者自負